THÜRING VON RINGOLTINGEN

MELUSINE

Aus dem Frühneuhochdeutschen

ins Neuhochdeutsche übertragen

von

Gerhard Wahle

Thüring von Ringoltingen

MELUSINE

Aus dem Frühneuhochdeutschen
übertragen ins Neuhochdeutsche von
Gerhard Wahle

ibidem-Verlag
Stuttgart

Bibliografische Information Der Deutschen Bibliothek

Die Deutsche Bibliothek verzeichnet diese Publikation in der Deutschen Nationalbibliografie; detaillierte bibliografische Daten sind im Internet über <http://dnb.ddb.de> abrufbar.

∞

Gedruckt auf alterungsbeständigem, säurefreien Papier
Printed on acid-free paper

ISBN: 3-89821-330-7

Printed in Germany

Vorbemerkungen zur Rezeptionsgeschichte des Romans vom frühen Mittelalter bis zur Neuzeit

Die Geschichte von der Meerfee „Melusine“ muss wohl im frühen Mittelalter sehr weit verbreitet und beliebt gewesen sein. Ein Indiz ist dafür, dass allein 15 Handschriften bis auf den heutigen Tag in europäischen Bibliotheken, Museen und Universitäten aufbewahrt werden und gegebenenfalls eingesehen werden können. Dazu kommen noch sieben bekannte und eine nicht genau zu beziffernde Anzahl unbekannter Inkunabeln. Diese relativ große Zahl ist freilich nur ein Indiz für die Beliebtheit des Stoffes, sagt jedoch wenig über die Zusammensetzung der potenziellen Leserschaft aus.

Als sicher und gesichert kann indessen gelten, dass besonders zurzeit der deutschen Aufklärung und Romantik immer öfter sternschnuppenartig, wie etwa die bloße Namenserwähnung in Theodor Fontanes „Der Stechlin“ oder irrlichternd, wie „Die neue Melusine“ von Goethe, Namen von Dichtern oder Literaturinteressierten im Zusammenhang mit dem sagenhaften und genealogischen Stoff der Melusine auftauchen, zum Beispiel E. Th. A. Hoffmann, Paracelsus, de La Motte-Fouquet, Gottsched, Tieck, Fontane, Lortzing und andere. Das alles wird überstrahlt von Goethes „Neuer Melusine“, die allerdings keinen genealogischen Bezug mehr aufweist, sondern eher der Gattung des Schwanks zuzuordnen wäre. Hinzuweisen ist auch noch auf die in Märchen vorkommenden Meerjungfrauen (Undine) oder auf Andersens „Kleine Meerjungfrau“.

Die frühneuhochdeutsche Fassung des Thüring von Ringoltingen geht wahrscheinlich, wie Karin Schneider im Vorwort zu Ihrer den Handschriften folgenden kritischen Ausgabe[1] von Thürings *Melusine* ausführt, auf einen französischen Prosaroman von Jean d'Arras um 1390 und auf einen Versroman eines gewissen Couldrette um 1400 zurück, den Thüring von Ringoltingen übersetzt hat.

Diese frühneuhochdeutsche Fassung der Melusine ist die Grundlage der vorliegenden Übertragung ins Hochdeutsche, wobei nicht zuletzt ausschlaggebend ist, dass die Ausführungen von Schneider zur Nähe zu der Urfassung plausibel erscheinen.

Gerhard Wahle

Oldenburg, im November 2003

[1] Verlag Erich Schmidt, Berlin 1958

Melusine

von Thüring von Ringoltingen

Dieses abenteuerliche Buch berichtet uns von einer Frau namens Melusine[2], die eine Meerjungfrau war und dazu aus königlichem Geblüt und von dem Berge Avalon kam, der in Frankreich[2] liegt. Diese Meerjungfrau verwandelte sich jeden Samstag vom Nabel abwärts in einen großen Drachen, so dass sie halb ein Gespenst war. Von ihr stammten auch große mächtige Geschlechter von Königen, von Fürsten, Grafen, Rittern und Edelleuten ab, deren Nachkommen auch heutzutage namhafte Könige, Fürsten, Grafen, Ritter und Edelleute sind, woran man prüfen kann, dass diese Geschichten durch ihre Erscheinungen belegen, dass sie wahr sind.

Schon der große Naturkunde-Meister Aristoteles sagte am Anfang in der Vorrede seines ersten Buches *Metaphysik*: Jeder Mensch begehrt von Natur aus, viel zu wissen. Darum habe ich, Thüring von Ringoltingen aus dem Berner Patriziat, eine erstaunliche und außerordentlich fremdartige Geschichte in französischer Sprache und Zunge gefunden, die ich aber zu Ehren und zu Händen des edlen wohlgeborenen Herrn Markgraf Rudolfs von Hochberg, Herrn zu Röttlen und Susenburg, meinem gnädigen Herrn, in deutscher Zunge verfasst und nach meinem besten Vermögen übertragen habe. Wenn ich auch den Inhalt der Geschichte nicht in jedem Fall gemäß der welschen Vorlage wiedergegeben haben sollte, so habe ich doch die Aussage der Materie, nach bestem Vermögen erfasst: Und die handelt von einer Frau, genannt Melusine, die eine Meerfrau war und noch ist[3], so dass sie nicht ganz im menschlichen Sinne eine Frau gewesen ist: Insbesondere hat sie durch Gottes Wunder eine fremdartige und seltsame Befähigung gehabt, dank derer es ihr möglich war, obwohl ihr Lebenswandel einem sehr großen Gotteswunder oder einem Gespensterwesen glich, dass sie dennoch natürliche und eheliche Kinder bekommen hat, nämlich sieben Söhne,

---

[2] Anmerkungen und Erläuterungen am Ende des Textes

die später große, mächtige Könige, Fürsten, Herren und Grafen sowie angesehene Ritter wurden und ihre Nachkommen es noch bis auf den heutigen Tag sind: sei es in Frankreich, Zypern, Armenien, in Böhmen, England, Norwegen, in Holland, in deutschen Landen oder anderswo; und deshalb es jedermann für um so billiger halten soll und kann; denn schon David in einem Psalm sagt: Mirabilis deus in operibus suis, Gott ist wunderbar in seinen Werken; das beweist sich ausdrücklich an dieser fremdartigen Figur und Geschichte. Wie aber die erwähnte Melusine überhaupt auf die Welt und von wo sie kam und aus welchem Geschlecht ihre Leute waren und dass ihre Mutter Presine auch eine Meerfrau und doch eine Königin gewesen ist, das werdet Ihr alles jetzt hören und in Kürze erfahren; zumal solche fremdartigen und schönen Geschichten angenehm und lustig zu lesen oder zu hören sind und den Leuten anzupreisen sind. Denn wie die Rose unter allen Blumen gepriesen wird, so sind auch Kunst und Abenteuer allen anderen erbaulichen Sachen vorzuziehen.

Herr Johans von Partenach gibt seinem Kaplan den Auftrag, dieses Buch in Französisch zu erstellen.

In vergangenen Zeiten lebte ein Graf von Poitiers in Frankreich, der war der Herr zu Partenach. Der forderte von einem seiner Kapläne, dass er ihm aus allen alten seiner früheren Chroniken zusammenstellen sollte, wie und durch welche Leute das Schloss und die Stadt Lusignan in Frankreich gegründet, erbaut und gestiftet worden sei und aus welchen Geschlechtern die Vorfahren des Grafen stammten; und er forderte, daraus ein gereimtes Buch zu machen. Der Kaplan fand Bücher in französischer Sprache, die von einer lateinischen Vorlage stammten und gefunden wurden im Schloss von Mabregon; und ein Buch – in Französisch – wurde in Partenay gefunden. Aus den drei Büchern ist dieses Buch, das ich dann in welscher Zunge fand, zusammengefasst worden, und der Inhalt der Geschichte in Deutsch ist Folgender:

Nach den Zeiten des Königs von Frankreich mit Namen Octovyen lebte zu Poitou im Königreich Frankreich ein edler, wohl angesehener Graf, der Amrich hieß. Der war ein hochgelehrter Herr, besonders in der Astronomie, so dass er aus dem Lauf der Gestirne sich viel über künftige Ereignisse vorhersagen konnte. Er hatte auch großen Reichtum und viel Freude an der Jagd. Er hatte dann einen Sohn und eine Tochter, die er sehr lieb hatte. Der Sohn hieß Bertram und die Tochter Blanchette, eine schöne, züchtige Jungfrau.

Es gab in dem Lande von Poitiers eine Menge großer Wälder mit mächtigen Bäumen. Einer war besonders bemerkenswert, der hieß „Der Wald von Colombieres".[4] In diesem Forst hauste ein Graf, den man den Grafen vom Forst nannte; er war arm an zeitlichen Gütern, aber gesegnet mit vielen Kindern. Er war jedoch ein weiser, rechtschaffener Herr, der sehr klug und in bester Ordnung lebte und sich ehrlich durchs Leben schlug mit geringen Mitteln, deshalb war er gut angesehen und von vielen geehrt und gut beleumdet. Er stammte aber auch aus dem Geschlecht des genannten Grafen von Poitou und trug auch dessen Wappen; denn er war sein wirklicher Vetter. Eines Tages aber bedachte der genannte Graf Amrich von Poitou, dass sein Vetter, der Graf vom Forst, so arm sei, aber so viele Kinder zu ernähren hatte und er überlegte, ihm eines seiner Kinder abzunehmen, damit ihm zustatten käme, dass er sein täglich Brot desto besser verteilen könnte und die anderen Kinder um so besser versorgen könnte.

Hier feiert man ein Fest an gedeckter Tafel.

Der Graf von Poitou ließ dann zu Poitiers ein großes Fest ausrichten und seinen Vetter, den Grafen vom Forst, dazu einladen; denn er hatte sich mit seinen Freunden zuvor darüber beraten. Zu diesem Fest erschien jetzt also der Graf vom Forst und mit ihm drei seiner Söhne, wohlerzogen und gesittet. Hier begrüßte der vorgenannte Graf Amrich von Poitiers den Grafen vom Forst und seine Söhne mit allen Ehren, die ihnen gebührten und die ihm wegen seiner natürlichen Liebe und Freundschaft zu Gebote stand, und schaute sich die Jünglinge, die Söhne seines Vetters, des Grafen vom Forst, genau an. Unter den dreien gefiel ihm der Jüngste, mit Namen Raymond, am besten. Daher sagte er zu seinem Vetter, dem Grafen vom Forst: „Lieber Vetter, ich bemerke, dass Ihr eine große Last an Euren Kindern zu tragen habt. Ich möchte daher, dass Ihr mir einen Eurer Söhne überlasst; den werde ich erziehen und versorgen wie mein eigenes Kind, das könnt Ihr mir auf mein Ehrenwort glauben.“ Darauf antwortete ihm sein Vetter: „Lieber Herr und Vetter, wen Ihr auch von den dreien Euch aussucht, er sei Euer.“ Da wählte er den jüngsten, Raymond, der ihm am besten gefiel. Dafür bedankte sich bei ihm der Graf vom Forst herzlich und übergab ihm also Raymond, den jüngsten, der auch wirklich ein sehr edler Jüngling war.

Der Graf Amrich nimmt Raymond, seines Vetters Sohn, bei sich auf und der Graf vom Forst mit seinen beiden anderen Söhnen verabschieden sich von ihm.

Als das Fest jetzt drei Tage gedauert hatte, verabschiedete sich der Graf vom Forst von seinem Vetter und machte sich wieder auf den Weg nach Haus; so schieden also der Vater und die Brüder von Raymond und er desgleichen etwas bedrückt von ihnen. Doch hatte ihn der Graf Amrich sehr lieb, mehr als seine anderen Diener; denn er diente ihm fleißiger und zuvorkommender als seine anderen Bediensteten, dazu war er noch ein verwandter Freund; deshalb ehrte er und bevorzugte er ihn, so dass er bei all seinem Hofgesinde und allen Freunden und Gönnern hoch angesehen war.

Einmal, als Graf Amrich gewohnheitsmäßig auf einem Jagdausflug war, wo die Seinen ein Wildschwein verfolgten, ritt Raymond ihm nach: Das Schwein rannte vor den Hunden her und zog das ganze Jagdgefolge hinter sich her, so sehr, dass der Graf den Jägern schnell nachfolgte, auf Gedeih oder Verderb; und Raymond folgte ihm so schnell er konnte nach, um seinen Herrn nicht in dem Walde zu verlieren. Es war dies der Wald von Colombieres, und es war jetzt schon so spät am Tage, dass sie im Mondschein durch den Wald und hinter den Jägern herritten. Inzwischen hatte das Wildschwein eine Anzahl Hunde getötet und alle seine Diener hatten ihn aus den Augen verloren, so dass niemand wusste, wo er war, außer Raymond, der bei ihm war. Obwohl Graf Amrich mit mehr als zwanzig Leuten auf die Jagd gegangen war, hatten ihn doch alle jetzt verloren. Da sagte Raymond zu ihm: „Herr, wir sind jetzt in der Nacht hier ganz allein und wir haben die Hunde, die Jäger und das Volk verloren. Es hat keinen Sinn, weiter hinter den Jägern herzureiten; denn wir können sie oder unser Volk nicht wieder finden. Aber ich schlage vor, dass wir zuerst jetzt danach Ausschau halten, wo wir eine Herberge für diese Nacht finden können.“ Der Graf antwortete: „Du hast Recht und dein Vorschlag ist gut; denn die Sterne stehen am Himmel und der Mond scheint hell.“ Also begannen sie querfeldein durch das Gehölz zu reiten und fanden schließlich nach vielen Mühen einen schönen Weg. Da sagte Raymond: „Herr, ich bin sicher, dass dieser Weg nach Poitiers führt.“ Der Graf sagte: „Das kann schon sein.“ Raymond sagte: „Wir sollten uns beeilen, vielleicht finden wir dann welche unseres Volkes, die den Weg besser kennen als wir. Dann kommen wir auch nicht so spät: Und man lässt uns zu Poitiers noch hinein.“ Der Graf sagte: „Ich vertraue ganz deinem Rat“.

Wie Graf Amrich und Raymond die Jäger verloren hatten und im Mondlicht verirrt und richtungslos ritten und Graf Amrich aus den Sternen wahrsagte und das Raymond darlegte.

Als sie so dahin ritten und der Graf die Sterne am Himmel betrachtete – denn er war ein gelehrter Astronom, der aus den Sternen auch die künftigen Ereignisse deuten konnte –, da erkannte er unter anderen Sternen einen, bei dessen Anblick seufzte er tief und sagte: „Ach Gott, Deine Wunder sind groß und mannigfaltig, oder wie kann die Natur selbst so geschaffen sein, dass sie einen Mann hervorbringen kann, der aus seinen Untaten und Verbrechen zu großem Glück und angemessenem Ansehen erhoben wird, wo es doch unrecht ist, dass wegen Untaten jemand aufsteigen, gelobt und geehrt werden sollte. Raymond, lieber Neffe, hör und sieh zu: Ich sage dir große Wunder und erstaunliche Begebnisse voraus, wie du sie noch niemals vernommen hast.“ Raymond war ein höflicher Jüngling, und so fragte er seinen Herrn und Onkel, was das denn wäre? Der Graf Amrich antwortete ihm und sagte: „Ich sehe da, dass in dieser Nacht einer seinen Herrn erschlägt; er wird ein gefährlicher Herrscher und viel mächtiger, glücklicher, reicher und gewaltiger als keiner seiner Freunde und Untergebenen.“ Raymond schwieg und sagte kein Wort und fand ein kleines Feuer, das die Hirten in dem Gehölz verlassen hatten. Er stieg vom Pferd auf die Füße und brach Kleinholz, mit dem er das Feuer entfachte, denn es war ziemlich kalt. Der Graf saß ebenfalls ab, was sich als sein Nachteil herausstellen sollte. Beide wärmten sich an dem Feuer. Da hörten sie etwas durch das Unterholz brechen. Raymond ergriff schnell sein Schwert, desgleichen der Graf seinen Speer. Da kam aus dem Unterholz ein gewaltiges Wildschwein mit gebleckten Zähnen und wütend schnaubend hervor. Raymond rief dem Grafen, seinem Herrn, zu: „Herr, rettet Euch und steigt schnell auf einen Baum!“ Der Graf aber antwortete: „So etwas habe ich noch nie getan, und es wird mir auch, so Gott will, niemals zugemutet werden, dass ich eines Schweines wegen so schändlich fliehen müsste.“ Zu Raymonds Leid und Kummer zückte der Graf seinen Speer und griff das Schwein an und gab ihm einen Stich, aber er traf es nicht richtig, so dass das Schwein ihm den Speer aus der Hand wand und ihn auf die Erde warf. Raymond riss den Speer seines Herrn an sich und wollte das Schwein erlegen. Unglücklicher Weise strauchelte er aber, so dass der Stich abglitt und er den Speer seinem Herrn und Onkel tief in den Leib stieß. Er zog den Speer heraus und griff das Schwein erneut an, traf es richtig und fällte es. Dann drehte er sich um und wandte sich wieder seinem Herrn und Onkel zu, den er jetzt im Todeskampf vorfand und bald danach verstorben.

Raymond beklagt das Unglück seines Onkels und sein eigenes und jammerte unsäglich darüber, dass er seinen Onkel getötet hatte.

Als Raymond des großen Unglücks bewusst wurde, das ihn betroffen hatte, brauchte niemand danach zu fragen, ob er nicht ein großes Wehklagen begann: Ja, ein solches Rufen, Schreien, Weinen, herzzerreißendes, jämmerliches und bitterliches Klagen, das ihm nicht genug konnte erscheinen und er sagte zu sich: „Glück, wie hast du mich so vollkommen mit Jammer, mit Leiden, mit Herzeleid und Elend und Unglück überladen! Niemand sollte sich an dich wenden; denn du kannst großes Leid und Jammern dem zufügen, dem du es gönnst. Du kannst aus einem Armen einen Reichen und aus einem Reichen einen Armen machen: Dem einen hilfst du auf, den anderen schlägst du nieder; einem bist du gnädig, dem anderen zornig. Ach Glück, wie hast du mich einfältigen jungen Narren gezüchtigt; denn du hast mich an Leib und Seele, an Ansehen und Habe geschädigt und mich in große Not, Elend und Mühsal gebracht. Ach, wollte Gott, dass ich jetzt auch sterben müsste und mit meinem allerliebsten Herrn und Onkel begraben werden! Da wäre ich gerne, da ich angemessenen Trostes völlig beraubt bin. Ich kann auch aus Furcht nirgendwo hingehen, da man mich verdächtigen würde, den Stich meinem geliebten Herrn und Onkel absichtlich versetzt und ihn ermordet zu haben. Und erbarme dich Gott im Himmel, dass ich je geboren wurde und verflucht sei die Stunde, in der ich gezeugt wurde oder auf die Welt kam; denn diese Tat wider Gott will oder kann ich niemals büßen." So klagte er länger als eine Stunde, dann saß er wieder auf in großem Jammer, Leid und Traurigkeit mit lautem Jammern und Klagen und er rang kläglich seine Hände und ließ sein Pferd gehen ohne Führung und Weisung, indem er die Zügel nicht anrührte, wegen des Jammers und Leides, die er in seinem Herzen trug.

Raymond ritt irrend und klagend los und kam zu der verwunschenen Quelle, wo die Jungfrau Melusine zu ihm trat, ihn tröstete und ihm alles vorhersagte, was ihm widerfahren würde und künftig geschähe.

Unter diesen Klagen kam Raymond zu einer Quelle, die „Die verwunschene Quelle“[5] genannt wurde. An dieser Quelle standen drei schöne Jungfrauen, vornehm geboren und von edler Gestalt, welche er vor lauter Leid und Jammer gar nicht wahrnahm und achtlos an ihnen vorüberritt. Aber die schönste und jüngste von ihnen ging zu ihm und sprach: „Ich habe noch nie einen Edelmann so unhöflich gesehen, dass er an Damen vorbeiritte oder -ginge und nicht zu ihnen spräche oder die Ehre erwiese!“ Raymond aber antwortete ihr immer noch nicht und klagte weiter vor sich hin, bis sie sein Zaumzeug ergriff und sagte: „Sicherlich ist dir nicht bewusst, dass du von Adel oder von hoher Geburt bist, weil du so schweigend weiter reitest.“ Da jetzt Raymond die schöne Jungfrau erblickte, erschrak er sehr und wusste nicht, ob er tot oder lebendig war, oder ob dies ein Gespenst oder aber eine Frau wäre. Die Jungfrau erkannte aber wohl, dass er leichenblass war vor Kummer und Schrecken und dass er sich ohne Unterlass weiter verfärbte. Da begann sie aber ihn großer Untreue und Unart zu beschuldigen, dass er nicht mit ihr spräche. Da erst fiel ihm die unglaubliche Schönheit ihrer Gestalt auf und er sah sie mit Wohlgefallen. Er sprang schnell von seinem Pferd auf die Erde und sagte: „Ach, allerschönste Jungfrau, ich bitte Euch inständig, mir meine große Unhöflichkeit zu verzeihen, da mich solches Leid und Jammer befallen haben eines gewaltigen Unglückes wegen, das mir gerade erst widerfahren ist, so dass ich nicht wusste, ob ich tot oder lebendig sei, und so außer mir war, dass ich nicht wusste, was ich tat oder wo ich war und überhaupt niemanden bemerkte. Ich erbitte daher Euer Gnaden demütig, mir zu verzeihen, ich will Euch auch gerne dafür Buße tun.“ Die Jungfrau antwortete sehr freundlich: „Raymond, lieber Freund, deine Not und Klagen tun mir ehrlich sehr Leid.“ Als Raymond hörte, dass sie ihn mit dem Namen ansprach, wunderte er sich sehr und er sagte: „Ach, edle und schöne Jungfrau, ich wundere mich sehr, dass Ihr meinen Namen kennt; denn ich glaube nicht, dass ich Euch je gekannt habe. Allerdings sehe ich ein unsagbar schönes Gesicht, liebliche Gestalt und Bewegungen und große Bildung an Euch und mein Herz und mein Verstand sagen mir, dass ich in meinem großen Kummer und Herzeleid etwas Trost durch Euch bekommen kann, wodurch mir mein großer Kummer etwas verringert und erleichtert werden." Die Jungfrau sagte: „Raymond, ich weiß alles über deine Not und Klagen und über das Unglück, das dir gerade mit deinem Herrn und Onkel widerfahren ist mit dem Wildschwein, und dass du ihn und das Schwein beide getötet hast. Doch ihn gegen deine Absicht, nur aus Unglück. Wenn du mir in allem folgen und vertrauen wirst, so wird es dir an Gut und Ansehen, Glück und Seligkeit niemals mangeln, sondern du wirst glücklicher, mächtiger und reicher werden, als alle deine Freunde oder Vorfahren je waren." Raymond trösteten und freuten die freundlichen Worte der schönen Jungfrau. Diese hub wiederum an und sprach zu Raymond: „Lieber Raymond, was dein Herr und Onkel dir geweissagt hat, das wird alles eintreten und an dir geschehen mit der Hilfe und dem Willen Gottes, des Allmächtigen." Da jetzt Raymond vernahm, dass sie von Gott sprach, da erleichterte ihn das ganz besonders und er dachte bei sich: „Jetzt kann ich doch gewiss sein, dass diese Jungfrau kein Gespenst und keine Ungläubige ist, sondern aus christlichem Blut und wahren Glaubens ist." Und er sagte zu ihr: „Schöne, edle Jungfrau, ich werde mit Herz und Sinnen auf Euch hören und Euch in allem folgen. Aber ich kann mir selbst nicht verzeihen, ich muss Euch mit Eurer Erlaubnis fragen, wie es kommt, dass Ihr meinen Namen kennt und auch wie Ihr erfahren habt von dem großen Unglück, das mich ereilt und mir widerfahren ist. Wo ich doch, wenn man mir nicht glaubte, mein Leben verwirkt hätte, und weil ich auch gesehen habe, dass kein Mensch in der Nähe war, als mir das große Unglück geschah." Die Jungfrau tröstete ihn und sagte: „Raymond, verzage nicht; denn deine Glückseligkeit wird sich einstellen, und du wirst viel mehr an Gut und Ansehen erhalten, als dir dein Herr und Onkel vorhergesagt hat. Und nach Gott bin ich diejenige, durch die du das alles bekommen wirst. Du darfst aber nicht zweifeln, dass ich nicht durch Gottes

Gabe ein Christenmensch bin; denn ich glaube alles das, was ein Christ haben, halten oder glauben soll: 'Dass Gott von einer keuschen Magd geboren ist und für uns arme Sünder gelitten hat, Gott als Mensch auferstanden gen Himmel gefahren ist'", und alle Artikel des christlichen Glaubens konnte sie ihm der Reihe nach aufzählen und sagte dann aber zu ihm: „Raymond, du wirst sehr weise und zu solch hohem Ansehen kommen, wie sie niemand deines Geschlechtes je erreicht haben." Raymond fühlte sich getröstet und seine Sinne kehrten zurück, ebenso die Gesichtsfarbe, deshalb antwortete er und sagte: „Allerliebste schöne edle Jungfrau, ich bin bereit, alles das, was Ihr mir ratet, zu tun und zu vollbringen, soweit es in meinen Kräften steht." Die Jungfrau sprach: „Raymond, so sollst du mir als erstes schwören bei Gott und Christi Leib, dass du mich zu deinem ehelichen Gemahl nehmen willst und an keinem Samstag jemals nach mir sehen noch mich aufsuchen wirst entweder selbst oder irgend jemand anderem gestatten, befehlen, ermöglichen noch dich aufhetzen lässt, jemals nach mir zu suchen, wo ich mich aufhalte, was ich tue oder schaffe, sondern mich den ganzen Tag samstags frei und unbehelligt lassen wirst, dann will ich dir wiederum schwören und geloben, dass ich zu eben dieser und zu allen Zeiten und Tagen auf nichts aus sein werde, das schmachvoll, schädlich oder unehrenhaft für dich sei." Das alles gelobte und schwor Raymond ihr. Ob er es aber auch einhielt oder nicht, werdet Ihr später erfahren; denn er brach seinen Treueschwur ihr gegenüber, weswegen er sehr großes Leid, Jammer und Kummer erleiden musste. Die Jungfrau sagte zu ihm: „Raymond, merke dir für den Fall, dass du nicht leistest oder hältst, was du gelobt und geschworen hast, so wirst du mich unwiderruflich verlieren und mich nie wieder sehen und danach wird es dir und deinen Kindern und Erben sehr schlecht ergehen und ihr werdet Anhang, Land, Ehre und Habe verlieren." Raymond schwor ihr erneut, er würde niemals dagegen verstoßen, sondern seine Treue und sein Gelöbnis zu ihr fest und ehrlich halten. Dass er das aber später nicht einhielt und damit seine schöne und über alles geliebte Gemahlin verlor, könnt Ihr später erfahren. Die Jungfrau sagte zu Raymond: „Jetzt solltet Ihr aber nach Poitiers zurückreiten, und wenn man Euch fragt, wo Euer Herr sei, könnt Ihr antworten: Ich habe ihn in dem Gehölz verloren. Desgleichen werden auch die anderen mehrheitlich sagen. Dann wird man ihn suchen und schließlich auch finden und unter Wehklagen nach Poitiers bringen und ihn dort unter neuerlichem Klagen und Trauer begraben. Insbesondere Frauen und Kinder werden sehr viel jammern und klagen und die anderen Frauen und Männer viel Mitleid mit ihnen empfinden, dabei sollst du sie trösten und ihnen zuvorkommend dienen in ihrem großen Jammer und Herzeleid. Danach, wenn er denn bestattet wurde, werden die Edlen alle kommen und ihre Lehen von ihrem neuen Herren fordern und erhalten. Das ist die Zeit, dass du ihn bitten sollst, der treuen Dienste wegen, die du dem Grafen von Poitiers, der kürzlich verstorben ist, erwiesen hast, dir eine Schenkung zu geben hier an dieser Stelle und hier bei der Quelle, wo wir jetzt sind: nämlich ein Stück Land, Feld und Wald, wie du mit einer Hirschhaut bedecken oder umschließen kannst. Das wird er dir nicht abschlagen, sondern dir versprechen. Dann musst du sofort und ohne Zögern verlangen, dass dir noch am selben Tag richtig verbrieft und versiegelt wird, was die Schenkung umfasst und warum sie dir gemacht wurde, sowie Jahr und Tag und Namen der Zeugen dieser Urkunde. Und wenn du die Schenkung also erhalten hast, verbrieft und versiegelt ist, dann darfst du dich nicht weiter aufhalten und sollst fortgehen. Du wirst dann schon bald auf einen Mann treffen, der eine Hirschhaut feilhält. Den lass dir nicht entgehen; du musst diese Hirschhaut kaufen, sie koste, was sie wolle. Dann sollst du sie in schmale Streifen schneiden, so schmal wie möglich und aus der ganzen Haut einen einzigen langen, dünnen Streifen entstehen lassen, den du zu einem Knäuel zusammenballen kannst. Damit sollst du dann die Schenkung ausmessen und markieren hier bei dieser Quelle und diesen großen Felsen und lege den Hautstreifen hier entlang", und sie zeigte ihm, wo er ihn lang legen sollte. Dann hieß sie ihn wegzureiten und an einem bestimmten Tag wieder zu ihr zu kommen.

Raymond verabschiedet sich von Melusine und reitet zurück.

Raymond verabschiedete sich von seiner Verlobten, um nach Poitiers zurück zu reiten und versprach ihr, alles das auszuführen, was sie ihm zu tun geraten hatte. Er tat auch alles gemäß ihrem Rat und kam frühmorgens nach Poitiers.

Als er dort eintraf, fragten ihn alle: „ Raymond, wie kommt es, dass du ohne deinen Herrn kommst? Wo ist er geblieben? Oder ist er jemandem begegnet?“ Raymond antwortete und sprach: „Tatsächlich habe ich ihn seit gestern Abend nicht mehr gesehen, denn er ritt mit der Meute in den Wald, so dass ich ihn nicht einholen konnte und ihn verloren und danach ihn nicht mehr gesehen habe.“ Also fragte man ihn nicht weiter und niemand hätte geglaubt, dass es nicht so geschehen sei oder ihm widerfahren wäre, zumal er deswegen schwermütig geworden war und heftig seufzte. Doch er hielt sich in allem strikt nach dem Rat seiner Verlobten, was zu tun sie ihm geraten hatte, wie vorher beschrieben. Jetzt kamen auch alle Leute des Grafen von der Jagdgesellschaft zurück, einer nach dem anderen, bis auf zwei seiner Diener. Keiner konnte aber das Geringste sagen oder wissen, an welchem Ende der Graf am Abend zuletzt gewesen oder geblieben wäre, weswegen sich am Hofe großes Klagen erhob, besonders von der Gräfin und ihren Kindern, und viel Jammern machte sich breit mit Weinen und Wehklagen. Noch während sie klagten und jammerten, kamen die beiden letzten Diener und trugen den toten Grafen, und sie hatten große Mühe gehabt, ihn bis hierher zu bringen. Sie erzählten, wie sie ihn bei dem Wildschwein tot gefunden hatten. Darauf begann das große Klagen erneut, zumal die Gräfin und ihre Kinder jetzt erst die ganze Wahrheit begriffen. So wurde der Graf feierlich und ehrenvoll unter großer Anteilnahme der Seinigen zur Beisetzung bereitet. Alle, Adel und einfache Leute, Männer und Frauen, Geistliche und Weltliche, klagten aus Hochachtung sehr, und er wurde des morgens also feierlich bestattet von allen Seinen, die man erreichen konnte. Besonders Raymond zeigte solche Trauer, dass ihm dafür große Ehrerbietung bezeugt wurde und jeder ihn umso mehr schätzte.

Raymond bekommt von seinem Vetter und Herren so viel Land bei der verwunschenen Quelle, wie er mit einer Hirschhaut umschließen kann.

Nachdem der Graf bestattet war, kamen die Adligen alle zu seinem Sohn, Graf Bertram, und benannten und erhielten ihre Lehen[6], wie es gewöhnlich bei einem neuen Herrn zu geschehen pflegt. Raymond trat vor und brachte seine Bitte vor, wie Melusine ihn zu tun unterwiesen hatte, und sagte: „Gnädiger Herr, ich bitte Euch, wegen der treuen Dienste, die ich dem Grafen Amrich, meinem seligen Herrn und Onkel, alle Zeit erwiesen habe, dass Ihr mir bei der verwunschenen Quelle soviel an Felsen, Erdreich und Land, wie Äcker oder Wiesen geben möchtet, wie ich mit einer Hirschhaut einschließen oder damit umfassen kann. Mehr verlange ich nicht für alle meine Dienste. Und mich dünkt, meine Bitte sei angemessen und koste so wenig, dass Ihr die mir nicht versagen solltet." Der Herr antwortete ihm freundlich und sagte: „Ich werde dir deine Bitte nicht abschlagen, es sei den denn, meine Räte und meine Knappen würden mir sehr davon abraten." Die Herren sagten alle einstimmig: „Herr, Ihr solltet es Raymond nicht abschlagen; denn er hat Solches und Größeres um unseren seligen, gnädigen Herrn und auch um Euer Gnaden wahrhaftig verdient." Der Graf Bertram entsprach also der Bitte Raymonds. Daher bat Raymond ihn inständig, ihm eine Bestätigung darüber zu geben. Deshalb ließ er ihm sofort die Urkunden erstellen, die sehr meisterlich künstlerisch gefertigt waren, so dass allen schien, dass es rechtskräftig wäre, auch wenn nicht sein Siegel daran hinge, und alle waren einverstanden. Als jetzt die Urkunden also fertiggestellt und gesiegelt waren mit des Grafen großem Siegel und den Siegeln der anderen Herren und Ritter und das Datum des Jahres und Tages eingesetzt war mitsamt den Zeugen, da traf Raymond am Morgen einen Mann, der eine schon gegerbte Hirschhaut trug. Die kaufte er auf der Stelle und ließ daraus sehr schmale dünne Riemen schneiden, so viele man daraus machen konnte. Dann ging er wieder zu dem Grafen und bat ihn, dass er jetzt sein Lehen freundschaftlich in Besitz nehmen möchte. Der Graf rief auf der Stelle etliche seiner Räte und Boten herbei, die mit zu der besagten

Quelle reiten sollten, um die Kennzeichnung und Besitznahme des Lehens durchzuführen. Als sie zu der Quelle kamen und sahen, dass Raymond die Hirschhaut in so dünne und schmale Streifen geschnitten hatte, wunderten sie sich sehr und wussten nicht, was jetzt zu tun wäre; denn sie dachten, es könnte damit sehr viel an Wald, Fels, Felder und Land umfasst werden. Im selben Augenblick kamen zwei unbekannte Männer, die nahmen die geschnittene Hirschhaut und wanden sie zu einer großen Kugel zusammen. Sie schlugen einen Pfahl in den Boden und banden das eine Ende des langen Riemens an den Pfahl und legten, gleichsam wie ein Zaun, den Riemen um den Felsen, die erwähnte, verwunschene Quelle und einen Teil des Tales unterhalb davon den Bach entlang, der da floss und hatten schnell eine ziemlich große Weite umfangen, von der die Boten, die mitgekommen waren, nicht geglaubt hatten, dass man je die Hälfte so viel und so weit damit hätte einschließen können.

Raymond nimmt sein Lehen in Besitz.

Doch was ihm zugesagt und überschrieben war, hielten sie für ausreichend und ritten davon in eine nahe gelegene Karthause und dann weiter nach Poitiers, wo sie ihrem Herrn und dem Volk alles berichteten, wie zwei unbekannte Männer die Riemen ausgelegt hätten und an die Pfähle geheftet hätten und somit ein großes Stück Land abgesteckt hätten. Der Graf sagte: „ Das ist eine merkwürdige Geschichte; vielleicht waren es Gespenster; denn ich habe vielfach gehört, dass seltsame Wunder und Erscheinungen bei dieser Quelle gesehen worden seien. Es kann also sein, dass Raymond dort etwas Sonderbares widerfahren ist oder noch widerfahren wird. Doch gebe Gott, dass es gut für ihn sei und ihm Glück bringe; denn das und alles Gute möchte ich meinem Vetter und Freund Raymond wünschen, wie ich es auch als recht erkenne.“ Raymond erschien in diesem Augenblick, war gut gelaunt und dankte dem Grafen sehr für das Lehen und sagte: „Ich weiß nicht, was mir aus diesem Lehen erwachsen wird. Ich hoffe aber, es möge mir viel Gutes, auch Glück und Zufriedenheit daraus erwachsen.“

Raymond stand am nächsten Morgen früh auf und ritt wieder zu der vorerwähnten verwunschenen Quelle. Dort fand er seine Verlobte vor, die ihn erfreut und herzlich begrüßte und zu ihm sprach: „Raymond, sei mir willkommen, da du klug und vernünftig warst und alles, was ich dir aufgetragen habe, nicht vergessen, sondern nach meinen Wünschen und zu meiner Zufriedenheit ausgeführt hast, in solcher Weise, das du dafür noch großes Ansehen gewinnen wirst." Sie gingen dann zu einer Kapelle. Dort sah Raymond eine Menge festlichen Volkes, Damen, Ritter und Knappen, Prälaten, Priester und mancherlei ehrwürdige Leute feierlich gekleidet. Darüber wunderte sich Raymond nicht wenig, was oder woher dieses Volk sei oder käme. Und deshalb konnte er sich nicht enthalten und fragte seine Verlobte: „Wer sind oder woher kommen alle diese Leute?" Da antwortete ihm Melusine: „Du musst dich nicht wundern; denn es sind alles die Deinigen", und damit wandte sie sich an das Volk und gebot ihnen allen, dass sie Raymond gehorsam und untertan sein sollten als ihrem rechtmäßigem Herrn und Gebieter. Das gelobten alle sofort und entboten ihm ihre Huldigungen.

Raymond lernt Melusines Hofgesinde in der Kapelle kennen, das ihm sehr zusagte, und ihm große Ehrerbietung erwies.

Raymond dachte in seinem Sinn: „Dies ist fremdartige Gefolgschaft, und möge es mit Gottes Hilfe mir gelingen, dass das alles ein gutes Ende nehme." Die Dame erkannte, dass er tief in Gedanken und Verwunderung versunken war und dass es wohl an der Zeit war, sich an ihn zu wenden. Daher begann sie und sagte zu ihm: „Raymond, du kannst nicht und vermagst nicht meinen tatsächlichen Stand noch meine Lebensumstände zu erkennen, bevor du nicht mich zu deinem ehelichen Gemahl geheiratet hast." Raymond sagte: „Verehrte Dame, ich bin bereit, zu jeder Zeit alles nach Eurem Willen zu tun und zu erfüllen." Die Dame antwortete: „Lieber Raymond, nein, das genügt nicht: Es muss alles in der üblichen Art und Weise vorgehen und du musst dich bemühen und die erforderliche Hochzeitsgesellschaft zu unserer Vermählung zusammenbringen, die in der Lage sind, eine standesgemäße Hochzeit auszurichten und zu veranstalten. Und sorge dafür, dass diejenigen, die mit dir herkommen, keinen Mangel haben oder erleiden werden an irgendwelchen Sachen, deren man üblicher Weise zu Hochzeiten bedarf, dass also Hausrat und Vorräte ausreichend vorhanden sind. Und sorge auch dafür, dass du und die, die du mitbringen willst, ohne Versäumnis und Aufschub am kommenden Montag pünktlich zur Frühmesse hier sind."

Raymond wandte sich um und ritt schnell wieder nach Poitiers zu seinem Herrn und grüßte ihn und sagte: „Gnädiger Herr, ich bin Euer Diener und an Euer Gnaden in solchem Maße gewohnt, dass es mir nur recht und billig erscheint, vor Euch keinerlei Geheimnisse zu haben und daher nicht zu verschweigen, dass ich mich einer Dame verlobt habe, die eine sehr mächtige und edle Dame ist, und ich soll und will mit ihr kommenden Montag Hochzeit feiern bei der verwunschenen Quelle. Daher bitte ich Euch demütigst, dass Ihr selbst persönlich allda mir die Ehre erweisen möget anwesend zu sein, ebenso wie meine gnädige Herrin, Eure Frau Mutter." Darauf antwortete ihm der Graf und sagte: „Lieber Vetter Raymond, ich werde dir zu Ehren gern dahin kommen und deiner Bitte entsprechen. Ich hoffe auch, dass meine Mutter mitkommt; doch eines muss ich dich noch fragen: Wer und von woher ist die Dame, die du dort heiraten willst? Pass auf, dass du nichts Falsches tust! Aus welcher Gegend kommt sie und aus welchem Geschlecht? Sage mir auch, ob sie aus angesehenem Hause oder gar hochgeboren ist, wenn ich dann dir zu lieb dorthin komme." Raymond antwortete und sagte: „Herr, es ist nicht möglich, dass Ihr jetzt etwas darüber erfahrt, wer sie ist oder woher sie stammt oder was ihre Lebensumstände sind. Gebt Euch damit zufrieden, dass Ihr sie und ihren Stand und Lebensumstände sehen werdet." Der Graf sagte: „Mich wundert sehr, lieber Vetter, dass du heiraten willst und nicht weißt, wer sie ist und auch nichts über ihre Freunde." Raymond sprach: „Herr, in Wahrheit: Sie ist von solch edler Gestalt und mit solch edlen Eigenschaften versehen, als ob sie eines Königs Tochter wäre, und eine schönere Frau hat wohl kein Auge je gesehen. Ich habe nicht viel gefragt, ob sie die

Tochter eines Herzogs oder eines Markgrafen ist. Sie ist vollkommen nach meinem Geschmack, und ich will sie haben.“ Da der Graf diese Worte gehört hatte, schien ihm, dass der Handel schon mehr als zur Hälfte abgeschlossen sei und stellte keine Fragen mehr. Er sprach: „Ich werde selbst kommen und meine Frau Mutter, sowie viele der Meinigen mit mir.“ Dafür dankte Raymond ihm sehr herzlich. Am Montag darauf, früh des morgens, brach der Graf auf mit seiner Frau Mutter und allem seinem Hofgesinde und anderen von den Seinen, seinem Vetter zu Ehren mit vielen Rittern und Knappen, und war doch ziemlich besorgt, ob er und sein Anhang bei der genannten Quelle wohl auch angemessene Herberge vorfinden würden. Er schwieg aber und fragte nicht weiter. Es war aber eine überflüssige Sorge, wie wir später hören werden. Sie schieden also guter Dinge von Poitiers und zogen gen dem Walde von Colombieres durch das kleine Dorf und den Wald hinan zu dem Felsen hin. Da sahen sie unterhalb des Felsens, im Wald unter den Bäumen und auch in dem lieblichen Talgrund viele, große und schöne Zelte aufgestellt und um die Quelle herum und allenthalben in dem Wald viel Rauch aufsteigen und eine Menge Volk dazwischen tätig: Öfen buken, Küchendüfte stiegen auf, und es gab unzählige Köche und Diener. Und sie alle dachten, dass dies ein Trugbild sei. Doch da ritten auf sie zu an die sechzig Ritter, jung, aufrecht und stolz, auf edlen Pferden und gut gerüstet, sie empfingen den Grafen und die Gräfin ehrerbietig und begaben sich zu Raymond, ihrem Herren, und sie erwiesen auch den anderen Gästen die Ehren und sie grüßten und empfingen alle, Jung und Alt, jeden nach seinem Stand und höflich, so als wären sie schon lange bei ihnen gewesen.

Graf Bertram und die Gräfin, seine Mutter, und Raymond werden von Melusine mit allen Ehren empfangen.

Sie dankten im Namen von Melusine dem Grafen und sprachen: „Unsere Herrin Melusine hat uns nachdrücklich aufgetragen, für gute Beherbergung und Bewirtung für Euch zu sorgen.“ Der Graf antwortete: „ Ich sehe hier hervorragende Einrichtungen.“ Und so wies man ihm eine sehr schöne Unterkunft in einem prachtvollen Zelt. Die Pferde wurden ebenfalls bestens versorgt, sie hatten Boxen und Futterkrippen, die ordentlich in den Zelten eingerichtet waren. Es kamen auch viele schöne Damen und Jungfrauen, die die Gräfin standesgemäß begrüßten, und darüber wunderten sich die Gräfin und all die Ihrigen außerordentlich, zumal wegen des adligen Auftretens, das sie hier erblickten und weil niemand erwartet hatte, solch adlige Zurichtung in dieser verlassenen Gegend zu finden. Raymond zog mit dem Grafen in dessen Unterkunft. Jetzt wurde auch die Kapelle auf das reichhaltigste und mit kostbaren Kleinodien in Mengen hergerichtet. Dann wurde zur Messe geläutet, und man führte die Braut Melusine zu der Kapelle. Melusine erschien ungewöhnlich schön und glich mehr einem Engel als einem sterblichen Menschen; zudem war sie dabei unsagbar kostbar zugerichtet mit Gewändern, Schmuck und anderem Kostbarem. Der Graf von Poitiers ging ihr entgegen und empfing sie höflich und ehrfürchtig. Die Jungfrau Melusine aber begegnete ihm züchtig und mit freundlichen Gebärden. Und so gingen sie zu der Messe mit viel und mancherlei Musik von lieblichem Saitenspiel, Pfeifen, Posaunen, Flötenspiel und Trommeln, die zahlreich anwesend waren und über alle Maßen liebliche und künstlerische Melodien spielten, so dass alle, die mit dem Grafen hergekommen waren, sagten: „Dies ist eine unglaublich schöne Hochzeit, dergleichen haben wir alle noch nie gesehen oder gehört“. Was aber kein Wunder ist. Dass ihnen diese Hochzeit seltsam vorkam, da in solcher Umgebung so prächtige Hochzeiten ungewöhnlich sind.

Wie Raymond und Melusine zusammen in der Kapelle vermählt wurden.

Sie wurden dann in der Kapelle und nach der Messe den Regeln gemäß zusammen vermählt. Dann geleitete der Graf die Braut aus der Kapelle zur einen Seite des Festzeltes und ein Fürst oder Herr aus der Gegend zur anderen Seite.

Und jetzt war es an der Zeit, Wasser zur Hand zu nehmen[7] und die Braut wurde zu Tisch geführt und mit ihr der Graf, dann die Gräfin, dann ein mächtiger Herr aus dem Land, der ehrenhalber auch an diesen Tisch gesetzt wurde. Der Graf Bertram und alle die Seinigen sahen eine solch vollkommene Ordnung, dass sie sich genau bemühten aufzupassen, wie diese Hochzeit ausgerichtet wurde, um sich bei anderer Gelegenheit danach richten zu können.

Wie sie zu Tische saßen und Raymond selbst bei Tische bediente.

Raymond bediente bei Tisch mit den Rittern.[8] Die Edlen und die Dienstleute trugen aber die Speisen heran, und es gab unsagbar viel und zahllose Köstlichkeiten und Vorräte. Besonders gab es viel und mancherlei Weine: aus Amiens und von La Rochelle, von Thouars, von Beaune, Gewürzweine, Rosmarin – Gewürzweine, Wein aus Tours, aus Dijon und aus manchen anderen Gegenden. In allen Zelten gab es Wein und Speisen überreichlich und zudem waren die Weine hervorragend und die Speisen köstlich und perfekt zubereitet. Nach dem Imbiss gab es ein Turnier.[9] Auf den Turnierplatz kamen sowohl die bekannten Landsleute als auch die Gäste sehr prächtig und gut gerüstet. Die schönen Frauen richteten ihre Aufmerksamkeit auf sie alle – denn es gab spannende und heftige Kämpfe.

Wie sie kämpften und wie Raymond sich hielt.

Und ganz besonders Raymond kämpfte tapfer, ritterlich und siegreich. Das währte bis zum späten Nachmittag. Und nach der Vesper deckte man die Tische für das Nachtmahl. Mit allerlei Kurzweil wurde das Nachtmahl verbracht, dann wurde zum Tanz aufgespielt. Der dauerte jetzt seine Zeit ziemlich lang. Schließlich, als sie meinten, es wäre an der Zeit, kam Melusines Anhang und hieß die Braut beiseite zu kommen und geleitete sie dann in ihr Zelt, das mit Seide prächtig und über alle Maßen reichlich mit vielerlei handgestickten Vogelmotiven versehen war, und ihr Lager war ebenso reichlich ausgestattet und ganz mit Lilien bedeckt. Dahin führte man die Braut, Raymond erschien auch und legte sich zu ihr. Endlich kam ein Bischof, der sie auf dem Bette segnete[10], schöne Psalmverse und ein Sammelgebet las. Dann verabschiedete sich der Graf von Poitiers mitsamt seiner Frau Mutter, und viele suchten ihre Nachtlager auf; denn es war schon ziemlich spät. Einige waren aber noch wach und verbrachten die lange Nacht tanzend und springend, andere sangen sehr schöne Lieder und Gedichte, wie höfische Lieder oder sonstige Gesänge.

Wie Raymond und Melusine in
ihrem Bette von dem Bischof gesegnet worden waren.

Jetzt lassen wir alles so, wie es im vorigen Abschnitt beschrieben wurde und berichten, wie Raymond und seine allerliebste Gemahlin miteinander umgingen: Sie begann und sagte zu Raymond: „Allerliebster Freund und Ehemann, Glück hat uns in der Weise zusammengeführt, dass wir jetzt ein Ehepaar sind und es bleiben sollen, bis der Tod uns scheiden wird. Und ich stehe dir zu Willen und Diensten, solange du mir einhältst, was du mir gelobt und geschworen hast. Denn ich weiß sehr genau, dass, als du zu dem Grafen von Poitiers, deinem Herrn und Vetter kamst, und ihn zu deiner Hochzeit mit seinen Herren, Rittern und Knappen einludst und du ihm sagtest, dass du mich zur Ehefrau nehmen wolltest, da fragte er dich nachdrücklich, wer und woher und aus welchem Geschlecht ich sei. Aber du hast ihm eine vorzügliche Antwort gegeben. Und darum sei sicher und hab keinen Zweifel, dass, wenn du einhältst, was du mir gelobt, versprochen und geschworen hast, dass es dir dann an Gut, Glück, Zufriedenheit und Ansehen niemals fehlen wird, und dass du ein glückseliger Mann werden wirst, wie es noch keiner aus deinem Geschlecht und keiner unter all deinen Vorfahren je wurde. Brichst du aber dein Gelübde, Eid und Ehrenwort, so wird dir große Not und Mühsal, Leid und Kummer widerfahren und du wirst Land und Leute verlieren und mich dazu nie mehr wiedersehen, noch bekommen können." Raymond versprach ihr in die Hand und gelobte hoch und heilig, dass er sein Gelübde und seinen Schwur ihr gegenüber treu und stets halten und niemals dagegen verstoßen würde. Darauf erwiderte sie: „Lieber Raymond, wenn du das wahr machst, dann bist du unter einem guten Stern geboren." Um es kurz zu machen: Die beiden lebten so glücklich miteinander, dass Melusine noch in dieser Nacht mit einem Sohn schwanger wurde, der Uryan genannt wurde und zu hohen und großen Ehren kam, wie wir noch berichten werden.

Die Hochzeit dauerte fünfzehn Tage und alle hatten viel Freude und Vergnügen. Und nach dem fünfzehnten Tag beschenkte Melusine die Damen, die zu der Hochzeit gekommen waren, nämlich die Gräfin und alle die Damen, die mit ihr gekommen waren, so reichlich, dass alle sagten: „Ach Gott, das kann nur ein Wunder sein. Raymond hat eine reiche Frau bekommen." Zu guter Letzt, als sie voneinander scheiden wollten, öffnete Melusine eine elfenbeinerne Truhe, die voll mit kostbaren Kleinoden war. Sie gab daraus der Gräfin ein sehr prächtiges Kleinod von Perlen, Gold und Edelsteinen.

Wie Graf Bertram und seine Frau Mutter sowie alle Gäste sich verabschiedeten.

Der Graf und die Seinen schieden von da achtungsvoll und verabschiedeten sich von Melusine. Daraufhin geleitete Raymond sie bis an den Waldrand, mit vielen achtbaren Leuten, die mit ihm ritten. Jetzt hätte aber der Graf seinen Vetter Raymond sehr gern gefragt, wer Melusine sei und von wo sie gekommen. Da er aber fürchtete, Raymond damit zu erzürnen, unterließ er es und sagte nichts dazu. Raymond dankte ihm und der Gräfin sehr für alle die Ehren, die sie ihm erwiesen hätten, indem sie zu ihm gekommen wären, und sie schieden voneinander. Da jetzt aber diese seltsame und abenteuerliche Hochzeit zu Ende gekommen war, da geschahen Wunder und weitere Abenteuer, wie sie zu hören sein werden: nämlich der Bau eines Schlosses, wie es vorher und seitdem noch niemals gesehen oder von dem noch nie gehört wurde.

Wie Melusine mit dem Bau des Schlosses Lusignan begann.

Raymond kam wieder zu Melusine, küsste sie zärtlich und sagte: „Allerliebste Frau, wie wollen wir jetzt die weitere Zeit verbringen?“ Melusine antwortete: „Ich hoffe, Gott wird uns mit allem versorgen, was wir dann benötigen.“ In den nächsten acht Tagen kamen ihre Arbeiter, vielerlei Handwerker, die fingen an, alle Bäume, die zwischen den Pfählen und dem Hirschhautriemen standen, zu fällen und sägten und schlugen sie in kleine Stücke mit Ausnahme derer, die als Bauholz tauglich schienen. Sie machten um den hohen Felsen sehr tiefe und wehrhafte Gräben. Dies alles setzte Melusine ins Werk und bezahlte ihre Arbeiter jeden Tag bar, weshalb sie umso fleißiger waren, ihre Arbeit fertig zu stellen. Sie machten ein tiefes und mächtiges Fundament und setzten die ersten Grundmauern auf den harten Felsen. In kurzer Zeit hatten sie sehr große und mächtige Türme, sowie eine übermäßig starke und hohe Ringmauer hergestellt und machten zwei starke Festungswerke oberhalb des unteren Schlosses und drumherum eine sehr hohe und starke Doppelmauer. Als die Einheimischen sahen, dass ein so enorm großes und mächtiges Werk mit dem Schloss in solch kurzer Zeit entstanden war, konnten sie sich nicht genug wundern. Da jetzt das Schloss in ganzer Wehrhaftigkeit und Pracht errichtet bereit war, nannte es Melusine nach einem Teil ihres Taufnamens und sagte: „Dieses Schloss soll und muss Lusignan heißen und genannt werden", diesen Namen führten danach noch viele Heere in aller Welt lange in ihrem Erkennungs- und Schlachtrufen, besonders die Könige von Zypern pflegten noch lange Zeit den Feldruf „Lusignan" aus Gründer, von denen noch berichtet werden wird.

Da jetzt das Schloss mit Türmen, Gräben und hohen Ringmauern fertig und in aller Achtung und Bewunderung stand, da nahte die Zeit, da Melusine des Kindes genesen sollte. Sie genas eines Sohnes, den sie Uryan nannte, der später zu hohen Ehren kam, wie noch zu hören sein wird. Sein Antlitz war jedoch nicht so wohlgeformt, sondern etwas missgestaltet. Es war sehr kurz, flach und breit, das eine Auge war rot, das andere grün. Er hatte einen großen blassen Mund und lange abstehende Ohren. Aber alles andere seines Körpers, Beine, Arme und alles Übrige war gerade, sehr schicklich und edel gestaltet.

Danach ließ sie das Schloss mit den Einbauten versehen, die Gänge[11], die Erker und alles unter einem Dach. Sie versah es mit Personal und Proviant in solchen Mengen, dass es nicht zu erstürmen und erobern war, denn die Gräben waren unglaublich tief, die Mauern und die Türme hoch und stark, die Tore mit starken Gittern, sowie ein sehr festes Schlosstor. Ein Turm hieß der Wachtturm, denn darin dienten einige heidnische Tagwächter, die die ankommenden Besucher prüften.

Wie Lusignan jetzt herrlich fertig war
und Melusine Uryan gebar, ihren ersten Sohn,
der ein flaches Gesicht hatte und ein Auge grün.

Melusine bekam im selben Jahr noch einen Sohn, der Gedes genannt wurde, der hatte ein feuerrotes Gesicht, das so rot war, dass es vor Röte widerschien. Doch ansonsten hatte er eine schöne und wohlgeratene Figur. Danach baute sie ein Schloss namens Melles, danach baute sie Vavent, dann Mervent[12] und endlich den Turm zu St. Maxent. Nachdem diese alle fertig waren, da erbaute sie zu Ehren der heiligen Jungfrau und Mutter Maria das schöne Kloster Malieres. Schließlich erbaute sie noch das Schloss und die Stadt Partenach.

Wie Melusine den zweiten Sohn gebar, Gedes,
der so rot war.

Nach Gedes gebar sie den dritten Sohn, der ein außergewöhnlich schönes Kind war, abgesehen davon, dass ihm ein Auge ein wenig höher stand, als das andere. Der wurde Gyot genannt. Im selben Jahr erbaute sie das Schloss La Rochelle und danach errichtete sie zu Saintes eine sehr schöne Brücke. Danach bekam sie einen Sohn, genannt Anthoni, der hatte bei seiner Geburt den Abdruck einer Löwentatze auf einer Wange. Er hatte krause Haare und lange und scharfe Nägel an seinen Fingern, und er hatte eine solch furchterregende Gestalt, dass niemand ihn ohne Furcht ansehen konnte. Dieser vollbrachte später zu Luxemburg große Taten und Dinge. In jeder Beziehung aber erzog die vorgenannte Dame ihre Kinder ordentlich und liebevoll, bis sie erwachsen waren. Gott gefiel es aber ferner, dass sie noch einen Sohn bekam, der nur ein Auge mitten auf der Stirn hatte, der wurde Reinhart genannt. Doch er sah mit dem einen Auge viel besser, nachdem er zu einem Mann herangewachsen war, als mancher mit zweien sehen kann; und er hat hernach große Taten vollbracht, wie noch zu hören sein wird.

Wie Melusine drei Söhne nacheinander in drei Jahren bekam, die alle drei etwas verunstaltet waren.

Danach bekam sie aber einen Sohn, der wurde Geffroy mit dem Zahn genannt. Der hatte einen Zahn, der ihm wie ein Eberzahn weit aus dem Munde ragte; dieser war außergewöhnlich stark und von großen Körperkräften, und er war von fremdartigem und wildem Gemüt und wird noch sehr viel mehr als irgendeiner seiner Brüder Erstaunliches vollbringen, wie noch zu berichten sein wird. So brannte er das Kloster Malieres, das seine Herrin und Mutter so herrlich und kostbar erbaut hatte, zu Asche nieder und darinnen hundert Mönche und auch seinen Bruder, wodurch sein Vater Raymond so ergrimmte und wütete, dass er Melusine mit Worten so beschuldigte, dass er seine schöne Frau und allerliebste Gattin verlor und sein Ansehen und sein Glück und alles andere endgültig zu Ende war, wie noch zu berichten sein wird.

Melusine bekam aber den siebenten Sohn, genannt Froymond, der von Körper und Gestalt sehr schön war. Aber er hatte auf der Nase einen behaarten Flecken, der aussah, als ob es Wolfshaut und Wolfshaar wäre. Der wurde sehr klug und vernünftig; aber er starb sehr jung, wie später noch zu vernehmen sein wird.

Nicht lange danach bekam Melusine den achten Sohn, der hatte drei Augen, wovon eines auf der Stirne war, dieser wurde Horribel genannt. Dieser war von Grund auf böse, und all sein Sinnen und Trachten, sein Herz und sein Wesen waren nur auf das Böse gerichtet. Dann aber gebar sie einen Sohn, genannt Dietrich, der ein sehr edler und treuer Ritter wurde. Zuletzt bekam sie noch einen zehnten Sohn, der Raymond genannt wurde und der Graf vom Forst wurde.

Jetzt komme ich aber zurück auf den ältesten Sohn, den erwähnten Uryan. Der war inzwischen erwachsen und von männlicher Gestalt geworden, sein Herz und Sinnen, Mut und Verlangen standen ihm danach, hohe Ehren im Krieg zu erwerben. Er nahm in La Rochelle ein Seeschiff und ließ es ausrüsten – es war eine so genannte Barke oder Galeere –, er warb für diese Fahrt viele Leute an, ins-besondere die Besten aus seines Vaters und seiner Herrin und Mutter Land.

Da begehrte sein junger Bruder, der vorgenannte Gyot, mit ihm zu fahren. Und obwohl er sehr viel jünger war als Uryan, so wollte der ihn lieber mit auf dieser Fahrt haben, als irgendeinen seiner anderen Brüder. Melusine erfuhr von ihrem Vorhaben, nach Ehren zu streben und freute sich über ihre Absichten und hoffte, dass es ihnen Glück und Ehren bringen möchte; sie versah sie reichlich mit Gold und Silber. Sie lösten die Leinen, hissten die Segel fröhlich und kamen in kurzer Zeit an Land in das Königreich Zypern.

Wie sie Geffroy mit dem Zahn gebar, und danach in zwei Jahren zwei Söhne, die auch missgestaltet waren.

Dort erlebten sie ihre ritterlichen Abenteuer, denn der König von Zypern in seiner Stadt Famagosta wurde von dem mächtigen heidnischen Sultan mit mehr als hunderttausend Heiden belagert. Daher entstand eine große Hungersnot in der Stadt Famagosta, was weder der König noch irgend jemand vorhergesehen hatte; denn dass sie den Heiden untertan sein sollten und von dem christlichen Glauben lassen sollten, das wäre doch ein zu großes Unglück gewesen, wovor jetzt Gottes Macht sie und die Seinen in ihrer Not nicht verlassen möge. Uryan erfuhr diese Mär sofort und zog auf die Stadt zu und ließ seine Banner entfalten und voran tragen, die waren aus Seide und leuchteten. Die Heiden erkannten die Ankunft der Gäste, und in der Stadt bemerkte man ebenfalls, dass ein fremdes Volk heranrückte, von dem sie aber noch nicht wussten, ob es Christen oder Heiden waren. Als aber der Sultan und sein Volk erkannten, dass die wehrhaften und ritterlichen Ankömmlinge von den Schiffen an Land gekommen waren, ließ er sein Volk sich sammeln. Da glaubte der König von Zypern, die Heiden wollten die Flucht ergreifen wegen der Ankunft der Christen und befahl, dass jeder in der Stadt sich zum Kampf rüste, ließ seine Banner voran tragen und die Trompeten zum Angriff blasen, die Tore öffnen, gegen die Heiden ziehen und ließ die schöne Hermine, seine Tochter, in der Stadt. Es erhob sich ein erbitterter Kampf; denn, wie gesagt, belagerten die Heiden die Stadt mit einem mächtigen

Heer, so dass viele fromme Christen erschlagen oder schwer verwundet wurden. Besonders der König von Zypern wurde leider von einem Feind durch einen vergifteten Pfeil sehr verwundet, in der Weise, dass er glaubte, nicht mit dem Leben davon zu kommen. So mussten die Zyprianer vor der Macht und dem Druck der Heiden sich kämpfend in die Stadt zurückziehen, was nicht ohne weitere Verluste möglich war. Großes Wehklagen hub da an um die Toten und Verwundeten und besonders um den König. Die schöne Hermine, des Königs Tochter, war schier verzweifelt um das Los ihres liebsten Herrn und Vaters, denn sie verstand von Heilkunde und auch sonst genug, um zu erkennen, dass die Verwundung so schwer war, dass er nicht wieder genesen könnte und aus dem Leben scheiden müsste.

Jetzt wollen wir aber von Uryan, dem edlen und treuen Ritter berichten. Der kam mit seinem Bruder Gyot und ihrem Gefolge und griff tapfer die Heiden an. Besonders Uryan verübte und vollbrachte so große ritterliche Heldentaten, denn er erschlug ungezählte Mengen an Heiden oder verwundete sie mit eigener Hand, dass sie große Furcht ergriff. Sein Bruder Gyot stand ihm nicht nach und erschlug oder verwundete im Streit ebenfalls viele Heiden. Nach diesen Kampfesmühen suchten sich die Heiden einen anderen Platz und eine andere Gegend zum Streit, was sie auch schnell fanden und fingen beidseitig, diesmal miteinander erneut zu streiten an, so sehr, dass es wie ein großes Wunder erschien.

Wie Uryan und Gyot den Sultan in seinem Lager vor der Stadt Famagosta auf Zypern erschlugen.

Der Sultan von Babylon, der mächtige heidnische König, griff selbst auch ritterlich in den Kampf ein. Als er einen Christen umbrachte, sah Uryens das, drang auf ihn ein und gab ihm einen solch fürchterlichen Schlag mit seinem Schwert, dass er ihm den Kopf bis auf die Zähne spaltete. Da fiel der heidnische König tot in den Sand. Darüber erschrak das heidnische Volk sehr; indessen freute sich das fromme Christenvolk und eilte Uryan und Gyot mächtig zu Hilfe und erschlugen und töteten unsagbar viele Heiden ohne Erbarmen. Als der Kampf beendet war, legten sich Uryan, sein Bruder Gyot und ihr Heer in den Zelten der Heiden zur Ruhe nach den großen Mühen, die sie gehabt hatten.

Wie Uryan und Gyot den König von Zypern aufsuchen, der schwer verwundet auf seinem Bett liegt.

Der König ließ Uryan durch seine mächtigen Landesherren und einige seiner Räte bitten, zu ihm herauf zu kommen in die Stadt an seinen Hof und es ihm nicht zu verübeln, dass er nicht selbst zu ihm komme, da er schwer verwundet sei und davon sehr krank sei. Uryan antwortete den Boten, dass er gerne zu dem König kommen wollte und hören, was er ihm sagen wollte. Uryan und sein Bruder Gyot machten sich sofort auf zum Hof des Königs. Das zyprische Volk bestaunte ihn sehr wegen seines fremdartigen Aussehens und sie sagten untereinander: „Solch treuen Ritter mit solch fremdartigem Angesicht haben wir noch nie zuvor gesehen“, und sie bekreuzigten sich vor dem Wunder und sagten: „Er sieht aus, als ob er viel Land und Leute gewinnen und beherrschen könnte.“ Sie gelangten in des Königs Palast und fanden den König auf einem Bette liegen, aufgedunsen und kraftlos von den Wunden des vergifteten Geschosses. Uryan grüßte den König sehr höflich und beklagte teilnahmsvoll seine Krankheit. Der König sagte: „Lieber Freund, du hast mir sehr edle und gute Dienste geleistet und mit ritterlicher Hand große Ehre bezeugt und mir und der gesamten Christenheit so große Verdienste erwiesen, dass dir dafür billigerweise Lob, Preis und Ehre zukommen sollen von der ganzen Welt, und deine Nachkommen deinetwegen gepriesen und verehrt werden sollen. Doch ich möchte gerne von dir wissen: Wer und von wo du bist und wie du genannt wirst.“ Darauf anwortete Uryan: „Herr, Uryan werde ich genannt, in Lusignan geboren, und ich verhehle meinen Namen nicht und nenne ihn auch gerne.“ Der König erwiderte: „Von deinem Geschlecht habe ich gehört; und ich hoffe, dass du meinen Wunsch erfüllst und mir zu Gefallen tun wirst, worum ich dich bitte, dann werde ich dich ehren und dir viel Gutes angedeihen lassen: Insbesondere ist meine Tochter Hermine mein einziges Kind, und mein Land wird ihr jetzt bald zufallen; denn mein Leben geht zu Ende, da ich durch einen vergifteten Pfeil so schwer verwundet bin, dass ich nicht überleben kann und schon bald sterben werde. Daher braucht mein Reich einen treuen Ritter; denn die Heiden wohnen nahebei. Mein Begehren und meine Bitte an dich sind, dass du mein Reich und meine Tochter nehmen sollst, denn ich kenne zur Zeit keinen geeigneteren Ritter als dich, mit dem meine Tochter und mein Reich besser versorgt wären." Uryan erschrak vor Freuden, antwortete aber klug und dankte dem König für die große Ehre, die er ihm unverdientermaßen antäte, denn er erklärte, einer so hochgeborenen, edlen und schönen Jungfrau von Geburt, Hab und Gut nicht ebenbürtig zu sein. Doch wenn der König ohne Scherz im Ernst das dächte, so wolle er ihm gehorsam sein und die schöne Jungfrau nehmen, die in großer Trauer war wegen der schweren Krankheit ihres Herrn und Vaters. Der König freute sich von Herzen über Uryans Antwort und sprach: „Jetzt lobe ich Gott im Himmel, dass ich noch vor meinem Tode meine Tochter und mein Reich versorgen kann nach meinen Wünschen" und befahl, dass alle Diener und auch seine Tochter sofort kommen sollten und sprach zu den Seinen: „Seht, ich habe mein Reich tapfer gegen den Ansturm der Heiden verteidigt. Aber ich bin jetzt von einem vergifteten Pfeil so schwer verwundet, dass ich weiß, mein Leben wird sehr bald beendet sein. Daher braucht ihr sehr dringend eines treuen Ritters als Herren, denn ihr seid für die Ungläubigen, die Heiden, nahe gelegen, und ihr sollt mein Reich sogleich in die Hände meiner Tochter Hermine übergeben, und ich bitte euch und wünsche, dass ihr meine Tochter als erstes anerkennt, euer Lehen bekräftigt und ihr huldigt und ihr als eure Herrin schwört." Das taten sie sehr gern, obwohl des Königs Zustand sie sehr betrübte. Nachdem das geschehen war, sprach aber der König: „Seht, es ist aber unmöglich für eine Frau, ein solches Königreich wirksam beschützen zu können. In diesem Augenblick kenne ich keinen ergebeneren Ritter als Uryan von Lusignan, der uns von der Gefahr durch die Heiden großer Not mit ritterlichem Mut erlöst hat und den mächtigen Sultan und mit ihm sein

Volk erschlagen hat; daher hab ich mir gedacht, ihm mein einziges Kind, meine Tochter Hermine, zu vermählen und ihm das Reich sogleich anzuvertrauen. Daher bitte ich euch, um alle die Treue, die ich euch je erwiesen habe, ihn zu bitten, sich meiner Tochter und des Reiches anzunehmen. Ich hoffe auf Gottes Hilfe, dass ihr dann vor den Heiden, so lang er lebt sicher sein könnt." Die Landesherren folgten dem sehr gern und voller Eifer baten sie Uryan, sich mit der schönen Jungfrau zu vermählen, dann wollten sie ihm sofort den Treueschwur leisten und ihn zum König krönen lassen. Uryan antwortete, dass er dem König und ihnen gern zu Willen sein wolle. Das sagten sie dem König unverzüglich. Der König schickte nach Uryan und sprach zu ihm vor allem Hofstaat: „Jetzt höre, lieber Uryan, deiner begehre ich nicht und will dich selbst auch nicht, sondern ich gebe dir zu Hermine, meiner lieben und einzigen Tochter, mein ganzes Königreich als Aussteuer." Darüber freute sich das ganze Volk von Zypern, dem Uryan in allem sehr gefiel und willkommen war. Uryan antwortete dem König, verneigte sich gar tief und formvollendet und sprach: „Gnädiger Herr, Gottes Dank für Euch, und gäbe es für Euer Leben nicht irgendeine Hoffnung, so würde ich dieses Geschenk von Euch nicht entgegennehmen noch haben wollen." Zur Stunde wurden sie in Gegenwart des Königs vermählt in einer Messe, die dort vor dem König gehalten wurde.

Wie Uryan mit des Königs Tochter vermählt wurde und der König starb.

Kaum hatte der Priester das heilige Sakrament vollbracht, da verstarb der König und gab seine Seele auf. So wurde die Hochzeit sehr schlicht und teilweise unter Jammern und Klagen begangen und der König sehr angemessen bestattet. Ritterspiele, Tanz und Musik wurde vermieden, aber ansonsten war die Hochzeit den Umständen entsprechend und mit allem Schicklichen ausgestattet. Der Tag verging so, dann legte man die schöne Hermine zur Ruhe und Uryan zu ihr. Sie verbrachten diese erste Nacht so liebevoll miteinander, dass Hermine schwanger wurde mit einem Sohn, der Griffon genannt wurde. Dieser Griffon wurde solch ein Held und kühn, dass er in einem Land Payennie viel Land, Leute und Herrschaft gewann. Den mächtigen Palast zu Kolchos gewann er auch und die Insel im Meer, wo der große Schatz lag und das Goldene Vlies, das Jason einst von Medea erhalten hatte. Dies alles eroberte er, wie noch zu berichten sein wird. Außerdem gewann er die Herrschaft über das Maurenland, später auch Jaffa, die herrliche Stadt, im Sturm und hisste dort sein Banner. Das alles lassen wir jetzt erstmal so stehen und wenden uns wieder Uryan zu.

Uryan war ehrenvoll zum König von Zypern gekrönt. Es war aber der König von Armenien der Onkel seiner Gemahlin Hermine, denn er war des kürzlich verstorbenen Königs von Zypern, ihres Vaters also, leiblicher Bruder gewesen. Dieser König wurde jetzt aber krank. Er empfahl Gott seine Seele und starb, worauf großer Jammer sich im Lande erhob. Er hatte genau wie sein Bruder eine schöne Tochter, die hieß Florie, die auch sein einziges Kind und noch unversorgt war. Da versammelten sich die Landesherren und berieten, was jetzt zu tun sei: Sie fassten einstimmig mit der Tochter den Entschluss, eine höfliche Botschaft an den König von Zypern zu schicken und ihn zu bitten, da die beiden Könige von Zypern und Armenien Brüder gewesen waren, dass er seinen Bruder Gyot zu ihnen schicke und dass der sich mit der schönen Jungfrau Florie vermähle. Dann wollten sie ihm Treue schwören und huldigen. Darüber beriet sich Uryan mit den Seinen. Die rieten ihm alle, er solle seinen Bruder dorthin schicken und sich der Bitte nicht versagen; das tat er auch. So machte sich Gyot sofort auf gen Armenien, wo die schöne Florie lebte. Als er dort an Land ging, ritt man ihm entgegen und empfing ihn achtungsvoll und krönte ihn in allen Ehren.

Wie Gyot nach Armenien kam, zum König gekrönt und mit des Königs Tochter Florie vermählt wurde.

So standen also die beiden Königreiche von Zypern und Armenien in der Hand zweier Brüder, und mir scheint, dass die zwei Brüder in kurzer Zeit viel Ansehen und Verehrung erworben hatten und dass das Glück nicht versäumte, an ihrem Tische Platz zu nehmen. Diese zwei Könige herrschten mit sehr starker Hand, sie leisteten den Heiden heftigen Widerstand, das kam auch dem ehrwürdigen Johanniterorden auf Rhodos sehr zustatten in seiner Bedrängnis und Not. Diese zwei Brüder zeugten viele edle Söhne, die bei ihnen aufwuchsen und den Heiden große Verluste zufügten und tapfere Ritter wurden, nach dem Tod ihrer Väter hielten sie sich vornehm und ehrsam und unterdrückten alle ihre Feinde. Das lassen wir jetzt so stehen und kehren zurück zu ihrem Vater Raymond und zu Melusine, der edlen und ehrwürdigen.

Wie Raymond und Melusine Nachricht von ihren beiden Söhnen Uryan und Gyot bekamen, dass beide zu Königen gekrönt waren.

Raymond und Melusine erhielten Nachrichten von ihren beiden Söhnen und damit Kenntnis von der großen Freude und Genugtuung, die ihnen widerfahren sei, dass sie beide zu mächtigen Königen gekrönt worden waren. Darüber empfanden auch sie sehr große Freude und verhielten sich aber doch weise und mit großer Vernunft, von der ihnen Gott viel verliehen hatte, und erkannten, dass Gott ihnen großes Glück gewährt hatte und sie das nicht aus sich heraus bekommen hatten und dass Undankbarkeit nur Schande erzeugt; daher dankten sie Gott mit Herz und Mund und beteten andächtig die Psalmen aus dem Psalter. Und Melusine ließ eine schöne Kirche errichten in Poitou, genannt: „Zu unserer Lieben Frau“, und noch viele andere Kirchen und Kapellen zu Ehren und zum Lobe Gottes und „Unserer Lieben Frau“. Und sie verheirateten dann ihren Sohn Gideon und gaben ihm die Tochter des Markgrafen.

Reinhart aber, ihr Sohn, der nur ein Auge hatte, war inzwischen groß und stark geworden. Er und sein Bruder Anthoni schieden jetzt auch von Lusignan, um Ehre und Ritterschaft zu erwerben. Sie zogen zuerst mit viel Leuten in die Bretagne[13] und dann nach Luxemburg, welches der König von Elsass mit seinem Heer belagerte und besetzte und er hätte es auch zweifellos ganz eingenommen, wenn er nicht Hilfe bekäme. Der König von Elsass war von Geburt ein König von Böhmen und war Herzog im Elsass zu der Zeit. Da er aber von Geburt ein König war, so nannte man ihn den König von Elsass. Seinen Namen aber fand ich nicht in den welschen Schriften. Nun wusste man aber allgemein, dass er das nur geworden war durch Willkür und Gewalt, die der König einer Jungfrau in Luxemburg antat, die eine arme Waise war und weder Hilfe noch Trost von irgendjemandem bekam. Die war des Herzogs zurückgelassene einzige Tochter. Die wollte der König von Elsass zur Frau haben, oder das Schloss mit Gewalt angreifen und erobern. Sobald die zwei Brüder von Lusignan diese Geschichte erfuhren, sandten sie sofort ihre Fehdeansage förmlich dem erwähnten König durch ihre Herolde, entrollten ihre Banner und zogen gegen den Belagerer. Dort sahen sie ein großes Heer mit Speeren und Hellebarden; da richteten die Brüder von Lusignan ihre Schlachtordnung und zogen gegen ihre Feinde mit ritterlichem Mut und ohne Furcht und griffen sie heftig an, desgleichen die Elsässer die Herren von Lusignan und ihre Gefolgschaft, die so genannten Poitevins. Der Streit und das Gefecht wogten außergewöhnlich stark. Die Poitevins hielten sich sehr tapfer und riefen ständig ihren Schlachtruf „Lusignan, Lusignan“ und warfen die Elsässer und viel Volk vom Rhein in Mengen darnieder.

Wie die Poitevins und die Elsässer gegeneinander kämpften und der König von Elsass gefangen und das Heer von Elsass dadurch geschlagen wurde und flüchtete.

Insbesondere die beiden Brüder taten sich hervor durch großen Mut und ritterliche, heldenhafte Kämpfe, die sie beide vollbrachten. Da erhob sich große Panik bei dem rheinischen Volk und sie fingen an, sich besiegt zu fühlen. Die Poitevins aber wurden zuversichtlicher und riefen und schrien einander zu, um sich anzufeuern. Anthoni von Lusignan geriet an den König von Elsass und kämpfte mit ihm so ritterlich und gewaltig, dass der König sich ihm ergab und ihm sein Schwert freiwillig anbot. Denn wenn er noch gezögert und das nicht sogleich getan hätte, so wäre er von Anthonis Hand im ritterlichen Streit erschlagen worden. Also nahm Anthoni ihn als seinen Gefangenen. Wie jetzt die Elsässer und das rheinische Volk ihren Herren als Gefangenen abgeführt fanden und ihn nicht mehr sehen konnten, da ergriffen sie die Flucht und flüchteten ungeordnet. Die Poitevins setzten ihnen eilends nach, und dabei fügte Reinhart von Lusignan ihnen noch große Verluste zu, denn er war sehr stark und auch gut beritten. Da nunmehr der Kampf und die Verfolgung sowie der Streit selbst zu Ende gekommen waren, da schickten die beiden Brüder den König von Elsass, ihren Gefangenen, in die Stadt Luxemburg und ließen ihn durch sechs ihrer Ritter übergeben und der edlen Fürstin und Jungfrau überantworten, die die einzige Erbin der Stadt und des Fürstentums war.

Wie der König von Elsass der Herzogin und Tochter von Luxemburg überantwortet wurde, der er, ohne ihre Schuld, viel Leid zugefügt hatte und sie ihn den Herren von Lusignan schenkte.

Als die schöne Jungfrau das so edle, kostbare Geschenk sah, indem ihr der König, der ihr ohne ihre Schuld so viel Kummer bereitet hatte, als Gefangener überantwortet wurde, da sprach sie zu den Rittern, die ihn übergeben hatten: „Liebe Freunde, wer sind die edlen Herren, die mir armer Waise solch große Ehre und Hilfe durch ihre treue Ritterschaft unverdienter Weise erwiesen haben und mir in meinen schweren Nöten so großzügig zu Hilfe gekommen sind und ritterliche Gesinnung mir armer Waise so hochanständig bewiesen und mich aus großer Furcht und Not so freigiebig befreit haben?“ Darauf antwortete ihr ein alter Ritter: „Hochgeborene Fürstin und gnädige Jungfrau, ihre Namen und Herkunft sollen Euch nicht verschwiegen werden. Sie sind Kinder von Lusignan aus Frankreich und zwei Brüder, der eine heißt Anthoni, der andere Reinhart. Ihr Schlachtruf im Felde ist auch 'Lusignan, Lusignan'.“ Die Jungfrau antwortete sehr züchtig und sagte: „Ich lobe und danke Gott und seiner Mutter wegen der großen Gnade und Barmherzigkeit, die sie mir erwiesen haben durch die tapferen und treuen Ritter, die sie zu meinem Trost hergesandt haben. Wohlan, weil ich jetzt durch sie über meine Feinde triumphieren kann, werde ich von nun an alle meine Sachen nach ihrem Willen und Ratschlag unternehmen und alles, was ich habe und Gott mir verliehen hat, soll ihnen vollständig gehören und ihnen zu Gebot stehen.“ Die Jungfrau wünschte und ordnete an, dass den beiden Brüdern in der Stadt eine gute Unterkunft mit allen Bequemlichkeiten und auch für ihre Begleitung, wenn das möglich wäre, angewiesen werden sollte, zumindest aber für die Herren, Ritter und Knappen, die anwesend waren. Die Ritter kamen sogleich zu des Königs Zelt, das die Gebrüder als Herberge nehmen wollten, und berichteten ihnen, wie sie von der Fürstin so ehrenvoll empfangen worden waren und was sie ihnen gesagt hatte. Die Fürstin sandte eine entsprechende Nachricht in das Quartier, wo sie viele Reichtümer vorgefunden hatten, von denen sie jedoch selbst nichts behielten, sondern alles ihren Begleitern freudig austeilten. Die Boten aus Luxemburg sprachen ihre Botschaft sehr ehrfürchtig und weise, grüßten sie und empfingen sie gar freundlich namens der schönen Jungfrau, des Herzogs Tochter von Luxemburg, und baten sie, mit einem Teil ihrer Leute in die Stadt zu kommen und dort Unterkunft zu nehmen, der besseren Ruhe wegen. Die Brüder antworteten, dass sie gern selbst in die Stadt kommen wollten mit fünfhundert Rittern ihres Volkes, um dort Quartier zu nehmen. Unverzüglich wurden Quartiermacher voraus geschickt, die mit Rat und Tat die Quartiere aussuchen und herrichten sollten. Die beiden Brüder machten sich auf den Weg und ritten in die Stadt gemeinsam mit der angekündigten Anzahl ihrer Leute. Die wurden mit Begeisterung und Musik sehr fröhlich von allen Bewohnern empfangen, die ihnen unermüdlich Dank sagten für ihre heldenhafte Befreiung. Dann erschienen zwei Landesherren, die die beiden Brüder zwischen sich nahmen und in die Burg und Festung geleiteten, wo sie die schöne, edle Fürstin trafen, die sie ehrenvoll mit vielen schönen Damen und Jungfrauen, Grafen und Herren, Rittern und Knappen begrüßte. Das Festmahl war bereitet und man goss Wasser über die Hände. Den Gästen wurden Plätze angewiesen: dem gefangenen König von Elsass zuoberst an der Tafel, danach Anthoni und Reinhart von Lusignan an der Mitte des Tisches, dann drei edle Landesherren von den Gästen. Die Herzogin wurde den beiden Herren von Lusignan gegenüber an den Tisch gesetzt, der in fürstlicher Weise prächtig gedeckt war. Alle aßen und tranken fröhlich und angeregt, mit Ausnahme des Königs von Elsass, der den großen Verlust an Leuten und Habe nicht einfach vergessen konnte. Nach dem Essen wurde die Tafel aufgehoben und Gott für seine Gnade gedankt.

Da hub der König von Elsass an und sagte zu den Herren von Lusignan: „Liebe Freunde, ich bin heute Euer Gefangener geworden und begehre, dass Ihr mir ohne Verzug eine Lösegeldforderung nennt, die mir möglich und erträglich sein möge, die ich wegen Eurer Rechtschaffenheit mit meinen Freunden und Gönnern für alle Zeiten anerkennen werde.“ Anthoni von Lusignan antwortete und sagte: „Tapferer Ritter, Ihr seid unser Gefangener nicht; denn da wir der edlen Jungfrau und Fürstin unsere Hilfe und Freundschaft angeboten haben, Ihr derselben aber Kummer und Bedrängnis zugefügt habt, so ist es billig und unser beider Meinung, dass Euer Schicksal und Eure Lösegeldforderung vollständig in ihrer Hand liegen sollten ohne irgendwelche Einschränkung.“ Über diese Antwort erschrak der König sehr und sie gefiel ihm in keiner Weise, denn er fürchtete die Rache der Fürstin sehr, denn er hatte ihr ohne ihr Verschulden sehr viel Leid zugefügt. Die Fürstin antwortete schnell und ohne sich lange zu bedenken, denn sie war klug und vollkommen: „Liebe und treue Freunde, ich danke Euch vielmals für all die Ehrungen, die Ihr mir erweist und für die große, freundschaftliche Hilfe, die Ihr mir geleistet habt, die ich nie und nimmer angemessen entgelten kann; daher verzichte ich ganz und gar auf diesen Gefangenen und gebe sein Schicksal in Eure Hand, denn er ist Euer Gefangener und nicht der meine. Da mich Eure edle und treue Ritterschaft heute aus größter Not befreit hat, sollt Ihr über sein Los und eine Lösegeldforderung ganz allein und ohne Einschränkung bestimmen.“ Als sie die kluge Antwort der Fürstin vernommen hatten, sagten sie beide einstimmig zu der Fürstin: „Gnädige, hochgeborene Jungfrau: Weil es denn Eurer fürstlicher Gnaden Wille ist, dass das Los und eine Lösegeldforderung allein bei uns liegen soll, so sprechen wir ihn jetzt von allen Lösegeldforderungen frei unter der Bedingung, dass er vor Euer fürstliche Gnaden auf die Knie falle und Euch bittet, ihm die Gewalt und Bedrängnis, die er Euch unbilliger Weise und ohne Euer Verschulden zugefügt hat, großmütig zu verzeihen, und Euch ferner bei seiner königlichen Ehre schwört und dazu gewisse Bürgschaft und Sicherheit gebe, dass er Euch künftig nie wieder Kummer oder Schaden zufügen werde, noch dies von niemandem zulassen oder ihn dazu veranlassen wolle.“ Die Fürstin antwortete und sagte: „Allerliebste Freunde, was Ihr da vorgeschlagen habt und Euer Wunsch und Wille ist, das gefällt mir ebenfalls, und ich bin damit einverstanden.“ Der König war über diese Lösung sehr erleichtert und fiel vor der Fürstin auf die Knie und bat sie demütig um Verzeihung, wie es beredet worden war.

Wie der König von Elsass die Fürstin um Gnade bat.

Als nun der König von Elsass um Gnade bei der Fürstin nachgesucht und sie mit Eiden, Gelübden und Bürgschaften in jeder Hinsicht abgesichert hatte, erhob er sich wieder und dachte bei sich: „Diese Herren von Lusignan sind wirklich solch edle und tapfere Ritter, dass sie aller Ehren würdig sind.“ Er bedachte auch, dass er ihnen zu großem Dank, Vertrauen und Freundschaft verpflichtet sei eingedenk der Gunst, die sie ihm gerade erst bewiesen hatten; und weil Boethius sagte, dass Undankbarkeit eines der größten Laster sei. Darum begann er öffentlich die Herren von Lusignan zu preisen und ihnen zu danken und er sagte vor ihnen allen: „Wollte Gott, dass solche treuen Ritter, wie diese Brüder aus Lusignan es sind, unsere Nachbarn und Herren dieses Fürstentums wären! Das, glaube ich, würde diesem Lande und allen Nachbarn eine große Wohltat, viel Glück und große Ehre bringen. Und ich möchte ferner ehrlich dazu raten, dass die schöne Fürstin und ihre Landesherren sich weise darüber beraten und solche treuen Ritter, wie es diese beiden Brüder sind, nicht gering achten, sondern danach trachten sollten, zwischen der Fürstin und Anthoni Freundschaft und Ehe zu stiften; denn ich glaube nicht, dass sie jemals einen ergebeneren Ritter bekommen kann, noch besser zu ihrem Vorteil und Ansehen versorgt werden kann. Anthoni, lieber Anthoni, was ist Eure Meinung dazu und lasst sie hören!“

Alle Landesherren von Luxemburg und auch viele von den Freunden der Fürstin sowie ihre liebsten Diener rieten alle einstimmig, dass dies ein redlicher und kluger Antrag wäre und der König sehr weise geraten hätte; und sie bedrängten sie alle, so zu verfahren und sich bis zum nächsten Morgen mit ihren Räten zu bedenken und dann eine entsprechende gütige Antwort zu geben, worum sie Ihre Gnaden ergebenst bitten möchten. Die Jungfrau und Fürstin – ihr Name war Christina – bedachte sich in der Nacht und rief in der Frühe alle ihre Freunde und Räte zu sich und besprach sich mit ihnen ruhig und klug, ihr treulich zu raten, wie sie sich jetzt verhalten sollte. Alle rieten einstimmig und gemeinsam, sie sollte des Königs Vorschlag und weisem Rat folgen, denn eines so tapferen

Ritters bedürfe man sehr dringend, und ebenfalls das Land. Und sie hätte ihn auch jetzt gerade rechtzeitig gefunden wie ein Geschenk Gottes. Und außerdem hätte er ihr in der Notlage solch treue Freundschaft bewiesen, dass sie ihm in Treue und Dankbarkeit verpflichtet wäre. Die Fürstin folgte züchtig diesem klugen Rat und ließ sich mit Anthoni vermählen.

Wie Anthoni und die Jungfrau vermählt wurden
und man Hochzeit feierte mit Tanz, Turnier und Festmahl.

Die Hochzeit wurde bald gefeiert mit Frohsinn und Anerkennung; es gab Ritterkämpfe, Tanz und viel Kurzweil. Der König beteiligte sich auch sehr daran; die Festlichkeiten dauerten acht Tage, und nach diesen acht Tagen wollten die Gäste vom Hofe Abschied nehmen, da kam in Eile ein Bote aus Böhmen angeritten, der nach dem König von Elsass fragte. Der wurde sofort vorgelassen und überbrachte dem König Briefe, die öffnete und las.

Wie der König von Elsass die Nachricht bekam, dass die
Türken seinen Bruder, den König von Böhmen, in Prag belagerten.

Darüber erschrak er sehr und sagte allen, dass ihm sein Bruder, der König von Böhmen, die schriftliche Nachricht gesandt hätte, dass der große, mächtige Sultan aus der Türkei ihn in seiner Stadt Prag mit großem Heer belagere und er von niemandem Entsatz oder Hilfe erwarten könnte außer von ihm, und dass er seine brüderliche Treue und Hilfe dringend angemahnt hätte. Und der König bat die beiden Brüder demütig und eindringlich, dass sie mit Rücksicht auf die ganze Christenheit und zur Unterstützung seines Bruders, aber auch wegen ihres treuen Rufes, dabei helfen möchten, die Heiden und das türkische Kriegsheer aus Böhmen zu vertreiben und seinen Bruder zu befreien. Anthoni antwortete ihm: „Lieber Herr, seid ohne Furcht, denn mein Bruder Reinhart wird mit Euch und vielen treuen Rittern fahren und wird mit der Hilfe dessen, der allmächtig ist, bewirken, dass die Heiden, wie ich hoffe, geschlagen und vertrieben werden. Ihr sollt Eure Kräfte sammeln und wieder hierher kommen; dann wird mein Bruder mit seinen Mannen mit Euch ziehen.“ Da dankte ihm der König vielmals und sagte: „Wenn es denn so sein sollte, dass es uns gelingt, was ich bei Gott hoffe, so hat mein Bruder eine einzige Tochter, die er sehr lieb hat; ich verspreche Euch hoch und heilig, dass ich diese Reinhart zu seiner Ehefrau vermählen werde und dafür sorgen werde, dass er nach meines Bruders Tod ein mächtiger und starker König in Böhmen wird, sofern er es erlebt; zumal mein Bruder keine anderen Kinder hat.“ Reinhart und Anthoni dankten ihm für seinen guten Willen und alle Freundlichkeit, die er ihnen zuvor erwiesen hatte, und erboten sich, ihm behilflich zu sein, wegen der Gesamtheit der Christenheit und auch aus freiem Willen und wegen der ritterlichen Ehrverpflichtung. Anthoni freute sich besonders über das Versprechen an Reinhart und riet dem König, schnell nach Elsass an den Rhein zu reiten und sich um eine Heerschar zu bemühen, womit er dann innerhalb fünfzehn Tagen wieder herkommen könnte. De Königs Volk war nicht sehr weit verstreut; er sammelte so viele wie er es vermochte, und er brachte ein beachtliches Heer zusammen. Auch versprach ihm Anthoni, der Herzog von Luxemburg, ihm in eigener Person zu helfen, diese Sache durchzuziehen. Dafür dankte ihm der König aus vollem Herzen. Der König versammelte all sein Volk und seine Heeresmacht so schnell er konnte und zog wieder nach Luxemburg. Inzwischen hatten die beiden Brüder von Lusignan ebenfalls die Ihrigen zusammengetrommelt und auch andere, besonders aus dem Herzogtum Luxemburg. Und als der König in die Nähe der Stadt kam, schickte er Boten, die ankündigen sollten, dass er nunmehr eingetroffen sei. Dort hatte man aber im Voraus vor der Stadt schöne Zelte aufgestellt, um ihn und sein Volk zu beherbergen.

Reinhart begrüßte ihn sehr freundlich und führte den König in die Stadt und dann auf die Festung zu seinem Bruder Anthoni. Dort saß man dann bei Tische zusammen und hatte ein fürstliches Mahl, das fröhlich rasch verging. Die Brüder legten ihre Rüstungen an und Anthoni befahl alle, die streitbar waren in dem Herzogtum, sich ebenfalls zu rüsten, so dass die Brüder an die dreißigtausend

Mann zusammenbrachten. Diese zogen mit feierlichem Klang zu des Königs Volk vor die Stadt hinaus. Als jetzt des Königs Heer und das der beiden Brüder versammelt waren und Reinhart und Anthoni aufsaßen, um von der schönen Fürstin Christine Abschied zu nehmen, da wünschte diese ihnen viel Glück auf ihrem Kriegszug und sagte zu ihrem Gemahl Anthoni: „Allerliebster Ehemann, ich habe noch eine Bitte an Euch zu äußern und bitte, dass Ihr mir die Ehre erweist und mir diese nicht versagen wollt." Anthoni gab eine sehr freundliche Antwort und sprach: „Das gibt es doch überhaupt nicht, dass ich Euch jemals auch nur irgendeine Bitte verweigern könnte." Darauf sagte sie: „So bitte ich Euch eindringlich, nachdem wir mit Gottes Fügung einander vermählt sind und Ihr Herr und Fürst hier geworden seid, dass Ihr mir dann zu Liebe und zu Ehren meines Herren und seligen Vaters, dessen Erbe Ihr seid, Schild, Helm und Wappen führen wollt und für Euch und Euren Stamm kein anderes Wappen noch Wappenbild nehmen werdet." Darauf antwortete ihr Anthoni folgendermaßen: „Allerliebste Frau, es ziemt sich nicht, auf meines Vaters und meiner Vorfahren Wappen zu verzichten. Aber ich habe ein Kennzeichen mit auf die Welt gebracht mit dem Löwengriff, den ich auf meiner Wange habe, wofür mich schon viele Menschen als Wunder bestaunt haben, daher werde ich auf meinem Helm als Wahrzeichen einen Löwen anbringen lassen und führen und insofern werde ich Eurem Wunsch entsprechen, da Ihr ja in Eurem Wappen auch den Löwen führt." Da dankte ihm die Herzogin und sagte: „Euer und mein Wappen könnt Ihr billigerweise beide führen, da sie sich nicht viel unterscheiden." Anthoni nahm also das Wappen an und verabschiedete sich von seiner Gemahlin, der Herzogin Christine, alle saßen auf und zogen gewaltig durch Bayern und andere deutsche Lande bis Böhmen.

Die Türken bekriegten zu dieser Zeit das ganze Böhmerland mit großer Heeresmacht und sie hatten viele Slawen dabei, da sie auch die Herren der Slowakei waren. Der türkische Sultan berannte eben zu der Zeit, als die Brüder aus Lusignan mit dem König sich näherten, mit mächtigem Heer und fliegenden Fahnen

Prag, um es zu erobern. Als König Friedrich von Böhmen das erkannte, legte er seine Rüstung an und zog hinaus mit festgebundenem Helm, mit Schild und Waffenkleid durch ein Tor, das er sich hatte öffnen lassen, gegen die Türken, mit vielen seiner Leute, viele tapfere und edle Kämpfer, und kämpfte mannhaft und erschlug viele Feinde. Die Übermacht der Türken und besonders der Slawen war aber so groß, dass ihnen die Böhmen auf Dauer nicht standhalten konnten, sondern unter Gegenwehr den Rückzug antreten mussten. Der König selber wollte aber nicht weichen, sondern hielt sich sehr tapfer und focht ritterlich und tötete viele Heiden und verteidigte sich solange er konnte. Zuletzt aber traf ihn ein Armbrustgeschoss, so dass er zu Tode verwundet wurde und leider schnell sterben musste. Die Böhmen sahen den Tod ihres Königs und beklagten ihren Herren sehr. Die Heiden und Türken, als sie sahen, dass der König von Böhmen erschlagen und tot war, da setzten sie erst den Christen mit gewaltigem Angriff zu und freuten sich ihres Sieges und über die Verluste der Böhmer. Diese Freude währte aber nicht lange, sondern kehrte sich bald in große Verzweiflung, da durch Gottes Gnade und Erbarmen die Verluste der Böhmer völlig gerächt wurden, wie es oft auf dieser Welt geschieht, dass Freude und Jubel in Leid und Jammer enden. Derweil verfolgten jetzt die Türken und Slawen und Heiden die Böhmer bis an die Stadttore und erschlugen oder verwundeten viele tapfere Ritter und Knappen und schonten auch das gemeine Volk nicht. Da erhob sich ein Geschrei, das bis in die Stadt und zu des Königs Tochter mit Namen Esglantine drang, dass der König, ihr Herr und Vater, umgekommen und erschlagen worden war. Darüber war die Tochter des Königs über die Maßen traurig. Nun führte auch diese edle und hochgeborene Königin selbst große Klagen um ihren verehrten Herrn und Vater und sorgte sich gar sehr vor der großen Macht der Türken, Slawen und Heiden, die mit solch unendlicher Macht die Stadt belagerten. Die Türken freuten sich unbändig, dass der edle, hochgeborene Herr erschlagen war und machten unverzüglich nahe des Stadttores ein großes Feuer, in das sie den Leichnam des edlen Königs warfen und ihn im Angesicht der Böhmer verbrannten.

Wie die Türken die Stadt Prag stürmten und
den erschlagenen König von Böhmen verbrannten.

Die Böhmischen hatten jetzt großes Leid und Jammer zu tragen, aber sie konnten das leider nicht ändern. Der König von Elsass und der Herr von Luxemburg und mit ihm sein Bruder Reinhart von Lusignan näherten sich jetzt sehr der Stadt Prag und den Belagerern. Esglantine, die betrübte Jungfrau und Königin, klagte Gott im Himmel ihr großes Unglück und Herzeleid und sprach: „Ach, ich arme elende Waise, wer kann mir jetzt Trost gewähren, wo ich weder Vater noch Mutter mehr habe und ich jetzt mein Königreich durch die Heiden, Türken und Slawen sehe ganz und gar zerstört werden und ins Verderben gestürzt! Ach Gott, und dazu noch vielleicht vom christlichen Glauben abzufallen gedrängt werden und heidnischen Glauben annehmen muss, und ich kann von niemand dabei Trost und Erlösung erwarten.“ Solche Klagen sprach sie zahllos, denn die Heiden begannen die Stadt mit gewaltigem Sturm und großer Macht zu berennen und hatten großes Verlangen und die Hoffnung, die Stadt zu erobern und einzunehmen, was auch geschehen wäre, wenn es nicht der verhindert hätte, der die Seinen nicht im Stich lässt und alles vermag. In dieser Not kam ein geheimer Bote hinein in die Stadt und verkündete überlaut: „Gute Neuigkeiten, gute Neuigkeiten! Seid allesamt fröhlich und danket Gott dem Herrn laut aus vollem Herzen, und seid tapfer und nicht verzweifelt! Euch naht großer Trost und große Hilfe und Befreiung! Der König von Elsass und der Herzog von Luxemburg sowie Reinhart, sein Bruder, ziehen mit gewaltiger Macht heran und wollen Euch erlösen mit viel Völkern, darunter auch die Poitevins.“ Über diese Neuigkeit freuten sich die Landesherren und das Volk sehr, und also sagte ihnen der Bote, was in Luxemburg geschehen und wie der König von Elsass es verloren, Anthoni von Lusignan aber Herr von Luxemburg geworden war. Darüber freuten sich alle und beorderten sofort so starke Kräfte auf alle Mauern und hielten sich dort so tapfer und zuversichtlich, dass die heidnischen Völker samt Türken und Slawen sich sehr wunderten und sagten: „Ohne Zweifel, nachdem die Böhmer in so kurzer Zeit nach ihrer Niederlage sich derart tapfer zeigen, kann das nur bedeuten, dass sie Hilfe erhalten haben oder ihnen Verstärkung zugesagt worden ist.“ Und schon kam aus dem Lager der Heiden ein Bote gerannt, der mit lauter Stimme den Heiden, Türken und Slawen zurief: „Liebe Herren, kehrt sofort zu Euren Zelten zurück und lasst das Stürmen und Kämpfen sein; denn es naht dort ein mächtig, gewaltiges Heer von Christen, die diese Stadt und die darin sind befreien wollen, und die sind schon bald da.“ Die heidnischen Völker erschraken über diese Nachricht und ließen ab von allen Angriffen und Kämpfen und zogen schnell zurück zu ihren Zelten. Sie ließen ihre Trompeter zur Aufstellung ihrer Schlachtordnung blasen, um gegen die Christen zu streiten. Aber die Christen hatten ihre Truppen schon geordnet und deren Trompeter bliesen zum Angriff entschlossen und mutig gegen die heidnischen Scharen, und diesen Angriff führten sie so heftig, dass die Heiden sehr darüber erschraken. Sie wehrten sich aber mannhaft, doch wurden viele Schilde und Helme zerbrochen. Insbesondere Reinhart von Lusignan, der ein starker und unverzagter Ritter war, schlug viele Heiden nieder, indem er ihre Helme mit seiner treuen Waffe spaltete.

Wie die Poitevins und die Elsässer mit den Türken und Slawen vor Prag kämpften und dabei der Sultan erschlagen wurde und viele Türken und Slawen mit ihm.

Reinhart vollbrachte große ritterliche Taten, und die Heiden fingen an, die Tapferkeit der beiden Brüder und ihres Heeres so zu fürchten, dass sie nicht mehr an den Sieg glaubten. Die Christen feuerten sich gegenseitig an und stürmten voran. Das sah auch der türkische Sultan und wurde sehr wütend, weil er bemerkte, dass die Seinen vor der Niederlage standen. Er fasste sein Schild fester und zückte sein Schwert und schlug einen Christen, dass der tot zur Erde sank. Das bemerkte zufällig Reinhart, er trieb sein Pferd an, zückte sein Schwert und gab dem türkischen Sultan einen so starken Hieb, dass er ihm Helm und Kopf bis auf die Zähne spaltete, dass er tot vom Pferd auf die Erde fiel. Als das heidnische Volk seines Sultans und Herren Tod bemerkte, da waren sie von ihrer Niederlage überzeugt und ergriffen die Flucht unter großen Verlusten, da die Christen ihnen sehr zusetzten und ihnen folgten und viele erschlugen oder schwer verwundeten. Reinhart gab sich große Mühe und war begierig, die Heiden umzubringen. Anthoni hielt sich ritterlich, auch der König von Elsass war kühn und kämpfte ritterlich. Da jetzt der Streit ein Ende gefunden hatte und das heidnische Volk besiegt darnieder lag und der König von Elsass erfuhr, dass der Sultan aus der Türkei seinen Bruder selig, den König von Böhmen, nach seinem Tode hatte verbrennen lassen, ließ er eine große Menge Holz sammeln und an einer Stelle zusammentragen und den toten türkischen Sultan und alle toten Heiden darauf legen und verbrennen.[14]

Wie der König von Elsass den türkischen Sultan verbrannte und das Schlachtfeld von allen toten Türken, Heiden und Slawen räumen ließ und auch diese verbrannte.

Während das geschah, zogen Anthoni und Reinhart gemeinsam in die Zelte, die zuvor den Heiden als Herberge gedient hatten. Der König von Elsass aber zog nach Prag in die Stadt zu seiner Nichte, die seines Bruders Tochter war, mit mehr als hundert Mann. Die Fürstin und Königin ging ihm entgegen und empfing ihn standesgemäß und den Umständen entsprechend, denn sie war wegen ihres Herrn und Vaters überaus traurig, dann aber, als er gerächt und sie befreit war, froh. Der König tröstete sie und sprach: „Liebe Nichte, sei guter Dinge; denn, obwohl du deinen Vater verloren hast und dein Land zum Teil verwüstet wurde, so ist das doch mit Gottes Hilfe und seiner Gnade angemessen und gut gerächt worden: Denn da dein Vater, mein lieber Bruder, nach seinem Tod von dem türkischen Sultan verbrannt worden ist, so habe ich in gleicher Weise auch ihn und die Seinen verbrennen lassen, und sie haben den gebührenden Lohn bekommen. Und genieße jetzt die Ehre und das Ansehen, das dir zugewachsen ist.“ Die Fürstin und Königin antwortete höflich: „Ach liebster Herr und Onkel, ein Herz ist aber doch voller Trauer um meinen lieben Herrn und Vater.“ Der König antwortete und sagte: „Aber war es nicht auch mein Bruder, den ich verloren habe? Du solltest es ähnlich halten, und ansonsten wollen wir Gott für seine Seele inbrünstig bitten und sein Begräbnis angemessen begehen.“

Wie des Königs von Böhmen Begräbnis feierlich und ehrenvoll, wie es für ihn angemessen war, erfolgte.

Es wurde nun ein prachtvolles und schönes Begräbnis begangen, an dem auch die beiden Brüder von Lusignan teilnahmen. Das böhmische Volk bestaunte die beiden Brüder sehr und sagte, dass Anthoni den Löwentatzenabdruck mit der Geburt auf die Welt gebracht hätte, das wäre schon eine seltsame Geschichte. Und es schien ihnen, dass Reinhart ebenfalls mit besonderer Begabung versehen sein müsste. Sie vermuteten, dass er sehr wohl einem außergewöhnlich mutigen Ritter gleiche, dem es möglicherweise bestimmt sei, viel zu erreichen und viel Land und Leute zu unterwerfen.

Nachdem also das Begräbnis feierlich und mit großer Pracht begangen worden war, da versammelte der König von Elsass den gesamten Adel von Böhmen und sprach zu ihm: „Liebe Freunde, es ist jetzt erforderlich, Euch darüber klar zu werden, wer König in Böhmen werden soll und das Reich Böhmen regieren und Euer natürlicher Herr sein soll, da es doch nicht üblich ist, dass eine weibliche Gestalt sich dessen unterziehe, mein Bruder jedoch, dem Gott gnädig sei, keinen Sohn, sondern nur eine einzige Tochter zurückgelassen hat und es nicht in der Ordnung ist, dass Ihr zu irgendeiner Zeit ohne König sein oder bleiben sollt.“ Die Herren antworteten unverzüglich darauf und sprachen: „Gnädiger Herr, die Angelegenheit sei Euch anheimgestellt, uns behilflich zu sein, dass wir einen guten Herren bekommen, denn wir bekennen, wenn unsere gnädige Frau stürbe, dass Ihr dann selber derjenige sein solltet, der uns mit einem Herrn versorgen sollte. Daher bitten wir Euch demütig, dass, nachdem die Tochter, die Jungfrau und Königin Esglantine in die Jahre gekommen und mannbar geworden ist, Ihr uns helft, einen zu küren, der zu ihr passt und dem Königreich ergeben und treu ist, und dass die erwähnte und hochgeborene Fürstin und Königin ohne Verzug also einen Gemahl bekommen möge, wozu wir Euer Gnaden gerne helfen wollen, sofern wir das nach unserem Vermögen können.“ Der König antwortete darauf: „Es ist ja nun an der Zeit, dass meine Nichte versorgt und einem Mann vermählt wird und das Reich einen König bekommt, dass kein neues Leid Euch und sie heimsuche; und ich möchte gerne Eure Meinung und Euren Willen dazu hören, ob Ihr einen hochgeborenen oder treuen Mann irgendwann glaubt finden zu können, der standesgemäß und passend zu ihr und Euch sei.“ Die Herren sagten einvernehmlich: „Herr, das sei Eurer Weisheit und Euer Gnaden anheimgestellt.“ Der König gab darauf diese Antwort: „Ja, ich kenne allerdings einen tapferen Ritter und tugendhaften Mann, der würdig ist und dazu von fürstlicher Geburt, dass er nach meiner Meinung meiner Nichte als Gemahl und Euch zu Eurem König und Herren geeignet wäre.“ Die Landesherren baten daraufhin den König, er möge ihnen sagen, an wen er denke. Der König sagte: „Es ist der eine der zwei Brüder von Lusignan, die Euch aus fernen Landen hierher zu Trost und Hilfe geeilt sind und Euch von dem türkischen Volk erlöst haben, und es ist der, der Reinhart genannt wird.“

Wie die Tochter und Königin Esglantine von Böhmen mit Reinhart von Lusignan vermählt wurde, wie ihm das der König von Elsass vor dem Kampf versprochen hatte.

Der König rief alsbald Reinhart von Lusignan zu sich und sprach: „Kommt her, edler Ritter, ich werde Euch halten, was ich Euch zugesagt und versprochen habe. Ich habe es nicht vergessen: Ich habe Euch versprochen, wenn es gelingt, Prag mit Gottes und Eurer Hilfe zu retten, so würde ich Euch meine Nichte zu Eurem Gemahl geben und Euch zum Herren nach meines Bruders Tod und König von Böhmen machen. So ist es jetzt an mir, mein Wort zu halten und somit gebe ich Euch meine Nichte Esglantine zur Ehefrau und zur heiligen Ehe und als Mitgift das Königreich Böhmen. Nehmt daher die Jungfrau Esglantine und seid bereit, das Königreich zu beschützen." Als Anthoni, der edle Herzog von Luxemburg, diese Ansprache vernommen hatte, dankte er in seinem und seines Bruders Namen dem König überschwänglich und sagte: „Herr, Reinhart soll die Jungfrau Esglantine heiraten und sich des Reiches annehmen mit der Hilfe Gottes und Eurer und anderer Freunde es beschützen; denn er ist auch ein Krieger und sehr erfahren in Kriegsdingen." Reinhart dankte ebenfalls dem König und erbot sich, ihm in allem zu folgen. Alle Landesherren und Böhmen lobte Gott und dankte dem König und der Königin Esglantine, und alle waren überzeugt, dass Reinhart bestens geeignet und tapfer war, dass er das Königreich gegen die Ungläubigen und andere gut beschützen werde. Der König ließ die liebliche Jungfrau, seine Nichte Esglantine, mit Kleidern und anderem ausstatten, wie es einer Königin geziemte. Desgleichen tat Reinhart und stattete sich aus, wie es einem König gebührte. Die Hochzeit wurde veranstaltet und wegen der Umstände und des Todes des Königs von Böhmen still gefeiert. Die beiden wurden vermählt, ordentlich nach dem Sakrament der Ehe in feierlicher Zeremonie.

Wie die Hochzeit ohne Tanz gefeiert wurde, wegen des Königs Tod, dennoch gab es ein Turnier, bei dem sich Reinhart hervortat.

Die Hochzeitsfeiern dauerten fünfzehn Tage, während derer es gute und heftige Turniere und Zweikämpfe gab, die Reinhart, der neue König, alle gewann. Das gemeine Volk sagte dazu: „Selig sei unser neuer König und Herr; denn er ist, wie wir hoffen, in einer glücklichen Stunde zu uns gekommen und hat uns Gottes Gnade beschert." Und er wurde auch, wie uns die welsche Geschichtsschreibung berichtet, ein sehr treuer und erfolgreicher Fürst, denn er eroberte in Friesland Nordelbien, von wo er das Königreich Dänemark eroberte und gewaltig regierte mit viel Anerkennung und Glück durch die Zeitgenossen.

Das verlassen wir nun und berichten weiter von Anthoni, dem Herzog und Fürsten von Luxemburg. Nachdem jetzt die oben beschriebene Hochzeit zu Ende war, da zog der König von Elsass durch Luxemburg wieder heim gen Elsass. Sein Volk aber schickte er auf den kürzesten Weg wieder heim. Anthoni aber blieb zu Luxemburg bei seiner lieben Frau, die er erst kürzlich genommen hatte. Von ihr wurden ihm zwei Söhne geboren. Der eine wurde Bertram genannt, der andere Lothar. Dieser befreite die Ardennen und baute als erstes Yvoy und baute auch die Brücke über die Maas bei Mèzieres und vollbrachte viele gute Taten durch seine ehrbare ritterliche Mannhaftigkeit. Anthoni, der Fürst von Luxemburg, bekriegte den mächtigen Grafen von Freiburg und zog danach durch Österreich und zwang viel Land und Leute unter seine Gewalt. Bertram, sein ältester Sohn, war inzwischen ein erwachsener Mann geworden, dem gab der vorher erwähnte König von Elsass seine Tochter – er hatte keine weiteren Kinder –, wodurch Bertram nach dem Tode des Königs selber König von Elsass wurde. So wurden also die beiden Brüder Bertram und Lothar so bekannte berühmte Ritter, dass man nah und weit in fremden Ländern ihnen Lob und Achtung zollte.

Das lassen wir jetzt mal so stehen und kehren wieder zu Raymond und Melusine zurück. Raymond bezwang mit starker Hand sehr viel Länder, besonders eroberte er auf der einen Seite alle Länder bis zur Bretagne. Geffroy mit dem Zahn war derweil kräftig, männlich und sehr groß geworden; und es ging eine Mär in allen Ländern, dass im Lande von Guerande ein greulicher ungeheurer Teufel wäre, der ein so gewaltiger Riese sei, dass sich niemand getraute ihm zu widerstehen. Der bekriegte jetzt dasselbe Land und alle Gegend drumherum bis nach Rochelle, das Melusine gebaut hatte. Und dieser Riese verheerte alle umliegenden Ländereien so sehr, dass großes Jammern darüber ausbrach und sein Ruf sich überall verbreitete. Diese Mär drang auch zu Geffroy mit dem Zahn und er sagte und schwor, er wolle diesen Riesen herausfordern und mit Gottes Hilfe überwinden. Darüber erschrak sein Vater Raymond sehr und fürchtete, der Riese könnte zu mächtig sein, da er übermäßig groß und stark war, weshalb Raymond unablässig daran dachte, wie er Geffroy retten und seinen Willen brechen könnte. Geffroy war aber so selbstbewusst, dass niemand ihm ausreden konnte, von seinem Vorhaben abzulassen und den Ritt in das Land Guerande zu dem Riesen nicht anzutreten: Denn er rüstete sich sofort und ritt eilends fort, um für sein Vorhaben gerüstet zu sein und es zu vollbringen.

Wie Geffroy aus dem Land schied und sein Bruder Froymond inzwischen Mönch in Maillieres wurde.

Wir wenden uns wieder Melusine und ihrem jüngsten Sohn Froymond zu, der ein weiser und sehr gelehrter Mann geworden war und sehr oft in das Kloster von Maillieres ging und dieses Kloster sehr lieb gewann, so dass er den Entschluss fasste, ein Mönch in diesem Kloster zu werden und dort ein geistliches Leben zu führen, und er bat inständig für seinen Entschluss bei seinem Herrn und Vater und auch bei seiner Herrin und Mutter Melusine. Der Vater antwortete ihm darauf: „Froymond, du siehst wohl, dass Anthoni und alle anderen deiner Brüder nach Ehren streben und tapfere Ritter sind. Und da sollte ich dich zu einem Mönch oder Pfaffen werden lassen? Das werde ich nie und nimmer zulassen! Ich werde dich zum Ritter schlagen lassen und möchte, dass du nach Anerkennung und Ritterschaft strebest, wie auch deine Brüder." Froymond sagte zu seinem Vater: „Ritter werde ich niemals werden, noch je eine Rüstung anlegen, denn ich will zu Gott beten für Euch, meine Herrin und meine Brüder; und ich bitte Euch demütig, dass Ihr mich geistlich werden lasst und ein Mönch in dem Kloster zu Maillieres, wo ich mit Gottes Hilfe mein Leben beschließen möchte." Raymond erkannte den großen Willen, den Froymond mit dem Wunsch hatte, geistlich zu werden und sandte einen Boten zu Melusine, der ihr sagte von Froymonds großer Begierde, dass er ein Mönch zu Maillieres werden wolle. Und sie möchte ihn wissen lassen, was ihre Meinung und ihr Wille in dieser Sache wäre und ihn das wissen zu lassen. Melusine wiederum ließ ihm ausrichten, dass er tun solle, was ihm gut erschiene; und das, was er auch täte, sollte und würde auch ihre Zustimmung finden. Raymond rief seinen Sohn Froymond und sagte: „Froymond, ich habe zu deiner Mutter gesandt, um zu erfahren, ob sie damit einverstanden wäre, dass du Mönch in Maillieres werden möchtest, oder in weltlicher Art nach Ritterschaft und Ansehen strebtest, wie deine Brüder. Sie hat es ganz in meine Entscheidung gelegt. Darum bedenke jetzt, was du am liebsten möchtest, ob du lieber in Maillieres ein Mönch werden möchtest, wo sehr strenge Regeln gelten, oder lieber zu Marmoutier, das ein sehr schönes Kloster ist, oder doch lieber zu Bourc de Dieux; oder aber, ob du nicht doch lieber ein Domherr in Poitieres werden möchtest, oder zu Tours in Touraine ein Domherr in St. Martin; damit hätte ich mich um unseren Heiligen Vater den Papst wohl verdient gemacht und hoffe dir ein Bistum erwerben zu können, sei es in Paris, in Beauvais oder in Arras." Froymond antwortete: „Lieber Herr, ich begehre nichts anderes, als ein Mönch in Maillieres zu werden." Also entsprach der Vater seinem Willen und ließ ihn ein Mönch werden, den Orden annehmen und das Gelübde ablegen. Darüber freuten sich die Mönche, aber ihnen allen sollte daraus noch großes Leid entstehen, wie noch zu berichten sein wird.

Melusine und Raymond waren beide in Vauvent, als Melusine einmal ihre Kleider lüften wollte, als ein Bote angeritten kam, der Raymond die Nachricht und Briefe und die gute Neuigkeit brachte, dass Anthoni und Reinhart, die Söhne, vor Luxemburg und danach vor Prag gekämpft hatten und dass Anthoni Herzog und Fürst von Luxemburg, Reinhart aber gekrönter König von Böhmen geworden war. Über diese Nachricht wurde er außerordentlich froh und rief seine Gemahlin fröhlich lachend und berichtete ihr die guten Neuigkeiten. Melusine freute sich von Herzen über diese Nachrichten, und beide dankten Gott aus vollem Herzen und Munde für seine Gnade, dass er ihnen so große Seligkeit erwiesen hatte, dass drei von ihren Söhnen zu hohen Ehren gekommen und zu Königen gekrönt worden waren und der vierte ein Fürst und der fünfte, der noch bei ihnen weilte, ein Mönch werden wollte, wodurch sie hofften, er würde zu Gott für sie alle bitten, was aber nicht von langer Dauer war, sondern kläglich endete, wie noch zu berichten sein wird. Auch der fünfte Sohn war gut versorgt und deshalb priesen sie Gott für alles, das er ihnen an Ansehen und weltlichen Gütern hatte zukommen lassen; und sie beteten zu Gott, dass er ihre anderen, noch unversorgten Söhne auch zu solchem Ansehen führen möchte. Diese Nachrichten verbreiteten sich in allen Ländern, und alle freuten sich mit Raymond und Melusine.

Jetzt muss ich aber dies alles erst einmal so stehen lassen und anfangen, von dem Ende zu erzählen, welches diese Freude nahm; denn weil gewöhnlich das Glück dieses Jammertales ein Ende nimmt mit Leid und Kummer in dieser Welt. Denn, auch wenn das nicht geschieht, so gibt es doch die Gewißheit der ewigen Verdammnis, wie sie uns bezeugt der hochgelehrte Augustinus, der sagte: Successus humane prosperitatis et verum indicium eterne dampnationis. Das heißt auf Deutsch, dass die Glückseligkeit dieser Welt ein sicheres Zeichen für die ewige Verdammnis ist, das können wir auch aus dem schönen Beispiel des lieben, hochgelobte Herrn St. Ambrosius, des Bischofs von Mailand, lesen: Der nächtigte einmal auf dem Wege nach Rom in eines Wirtes Haus, der sein Schulfreund gewesen war. Den fragte er, wie es ihm ginge, worauf der Wirt sagte, es ginge ihm sehr gut und er sei überaus glücklich und sein Reichtum an Ansehen und weltlichem Gut nehme ständig zu. Da rief St. Ambrosius nach einem seiner Diener und sagte heimlich zu ihm: „Lauf und leg uns die Sättel auf, denn wir müssen schnell fliehen, damit uns Gottes Zorn hier nicht trifft." Als St. Ambrosius nicht viel später auf die Straße trat, da gingen das Haus und die Herberge, darin er gespeist hatte, unter mitsamt dem Wirt und all seinem Gesinde, Kindern und Dienern, und es blieb nur ein großes Loch, darin alles versunken war.

Nun aber zurück zu der Geschichte: Es ergab sich an einem Samstag, dass Raymond Melusine vermisste, wie auch an allen Samstagen zuvor. Jedoch hatte er nie nach ihr gesucht oder nach ihr gefragt und seine Gelübde und Eide gehalten, denn er hatte auch niemals etwas anderes als Gutes und nichts Arges von ihr gedacht. Zu dieser Zeit aber war der Graf vom Forst, Raymonds Ziehvater gerade gestorben; daher kam sein Bruder, der älteste, der jetzt Graf war, nach Lusignan zu seinem Bruder, der ihn angemessen und freundlich empfing, das war aus Anlass eines Festes, zu dem die Grafen und Landesherren an den Hof zu ihrem Herrn Raymond geritten waren. Da sprach der Graf vom Forst zu seinem Bruder: „Lieber Bruder, bittet doch Eure Gemahlin, zu uns und ihren Gästen zu kommen, um sie gebührend zu begrüßen, wie es sich geziemt." Raymond antwortete ihm: „Lieber Bruder, geduldet Euch: Morgen werdet Ihr sie sehen." Also setzte man sich zu Tisch und nach dem Imbiss nahm der Graf vom Forst seinen Bruder beiseite und sagte: „Lieber Bruder, ich befürchte, Ihr seid verzaubert: Und es geht ein allgemeines Gerücht und jeder denkt, Ihr seid nicht gut beraten, dass Ihr nicht wollt oder wagt, nachzufragen, wo sie sei oder was sie treibe an den Samstagen, und es ist seltsam, dass Ihr nicht wissen sollt, was ihr Treiben, Tun oder Lassen sei. Und ich muss es Euch leider sagen: Ihr habt davon viel Schmach und Nachrede, denn viele denken, sie triebe Ehebruch und habe andere lieber als Euch. Manche sagen auch, sie sei nichts als ein Gespenst und ein Ungeheuer. Ich sage Euch das als meinem Bruder und rate Euch, findet heraus, was sie in der Zeit treibt, damit Ihr nicht zu einem Toren gemacht und von ihr zum Narren gehalten werdet." Als Raymond diese Rede hörte, wurde er abwechselnd rot und blass vor Zorn und wandte sich ohne ein Wort ab von seinem Bruder voller Wut und Grimm, griff sein Schwert und eilte zu einer Kammer, in der er nie zuvor gewesen war, die Melusine als ihren Privatbereich hatte bauen lassen, und traf dort auf eine eiserne Tür. Er stand davor und überlegte, was er tun sollte. Nachdem, was sein Bruder gesagt hatte, kam ihm in den Sinn, dass seine Frau sich ihm gegenüber untreu verhalten könnte und Ehebruch beginge und vielleicht jetzt gerade dabei wäre, dem Laster zu frönen. Er zog sein Schwert und suchte, wo er ein Loch finden könnte, wodurch er das Treiben seiner Frau sehen, und die Wahrheit erkennen und die Zweifel zerstören könnte. Er machte mit seinem Schwert ein Loch in die Tür. Ach, welch unendliches Leid, Ängste und Unglück machte er damit sich selbst! Denn er verlor dadurch alle Freuden und Lust dieser Welt, worüber noch zu berichten sein wird. Raymond schaute durch das Loch und sah seine Ehefrau nackt in einem Badezuber sitzen: Sie war vom Nabel aufwärts von außergewöhnlich schöner weiblicher Gestalt an Körper und Gesicht. Vom Nabel abwärts aber hatte sie einen langen bedrohlichen Drachenschwanz, blau und silbrig gesprenkelt.

Wie Raymond Melusine im Bade sah, furchtbar erschrak und voller Zorn seinen Bruder wegschickte, weil der ihm Böses über Melusine gesagt hatte, was sich aber nicht bestätigt hatte.

Nachdem Raymond die erschreckliche und fremdartige Beschaffenheit seiner Gemahlin gesehen hatte, war er entsetzt und in seinem Gemüte sehr betrübt und geriet in Furcht und Sorge, so dass der Angstschweiß ihm von der Stirne rann. Doch er fasste sich und verstopfte das Loch, das er mit seinem Schwert gemacht hatte, wieder mit einem Stück Tuch und Wachs und vermutete nicht, dass seine Frau etwas mitbekommen hätte und wandte sich dann schweigend von dannen voller Zorn und Grimm über seinen Bruder, und er versiegelte nun das Loch sorgfältig, dass niemand hindurch sehen konnte, dann ging er wieder zornig und grimmig zu seinem Bruder. Als der Bruder ihn so kommen sah, dachte er, Raymond wäre sehr zornig und glaubte, er hätte seine Frau auf frischer Tat bei etwas Betrügerischem ertappt; daher hub er an und sprach: „Bruder, ich erkenne wohl, dass Eure Sachen nicht zum Besten stehen und dass Euch Eure Frau betrogen hat und untreu war.“ Raymond antwortete ihm und sagte: „Ihr lügt mit Eurem Mund durch die Zähne, Ihr schamloser Kerl! Ihr seid zu einer unseligen Stunde in mein Haus gekommen und sagt ja nichts Böses über meine Gemahlin: Denn sie ist treu und keiner Schandtat schuldig. Und seht zu, dass Ihr Euch schnell von hinnen macht, und solltet Ihr Euch weiter so wie hier verhalten, dann würde Euch das das Leben kosten. Verflucht sei die Stunde, zu der Ihr hergekommen seid! Ihr habt es geschafft, dass ich etwas getan habe, das mir wohl mein ganzes Leben lang zum Schaden gereichen wird. Geht mir sofort aus den

Augen und kommt nie wieder hierher, solange wir beide leben!“ Raymond war derart erzürnt, dass alle sahen, dass er außer sich war vor Zorn. Der Graf, sein Bruder, erkannte diesen Zorn und erschrak darüber über alle Maßen und ritt schnell seines Weges wieder heim und es tat ihm Leid und er klagte sehr darüber, dass er seinen Bruder so erzürnt und seine Huld und Freundschaft verloren hatte; denn er kam dadurch ins Unglück und verlor sein Leben, wie später noch erzählt werden wird.

Raymond hatte großes Herzeleid und Jammer und besann sich an die Zeit, als er mit Melusine zum ersten Mal zusammentraf, dass er ihr hoch und heilig gelobt und geschworen hatte, dass er an keinem Samstag je nach ihr suchen, noch jemandem befehlen würde, das zu tun; und wenn er das bräche und ihr seinen Schwur nicht hielte, dass er sie verlieren und nie mehr wiedersehen würde. Jetzt aber war er wortbrüchig geworden, und besonders fürchtete er, dass sie genau wusste, dass er an der eisernen Tür gewesen war und sie gesehen hätte; wo sie ihm doch die Worte wiederholen konnte, die der Graf von Poitieres mit ihm gewechselt hatte, als ihm Raymond sagte, dass er Melusine heiraten wolle. Und als Raymond begann, sich an alle diese Dinge zu erinnern und ins Gedächtnis zu rufen, da musste er innerlich sehr seufzen und großer Jammer und Herzeleid ergriffen ihn, und er klagte über seinen großen Kummer: „Ach, diese unglückselige Stunde, in der ich armer Mann geboren wurde! Soll ich jetzt durch meine Treulosigkeit die verlieren, die all meine Freude, mein Trost, meine Zerstreuung und meine Zuversicht und Zukunft ist?“ Vor Verzweiflung und Jammer zog er sich aus und legte sich ins Bett und weinte bitterlich und sagte: „Ach Melusine, wenn ich dich verlieren sollte, dann werde ich in die Wüste gehen und mich vollständig von der Welt zurückziehen und ein Einsiedler werden und in der Welt nichts mehr unternehmen.“ Das trieb er den ganzen Tag und die Nacht ohne Unterbrechung bis zum Sonntagmorgen in der Frühe: und wälzte sich hin und her, mal auf den Bauch, mal auf den Rücken. Jetzt stand er auf, dann legte er sich wieder hin und gebärdete sich so jammervoll, dass alle die Seinen deswegen in großer Ratlosigkeit waren, denn keiner wusste, was ihm fehlte. Darüber kam jetzt Melusine und schloss mit ihrem Schlüssel die Kammer auf und ging hinein zu Raymond und schloss wieder ab und zog sich auch vollständig aus und legte sich zu Raymond in das Bett und küsste ihn und umarmte ihn tugendhaft. Sie fand aber, dass er kalt und von Kummer und Trübsal blass geworden war, obwohl er auch zugedeckt lag. Sie sprach: „Raymond, allerliebster Gemahl und Herr, was ist mit Euch oder was fehlt Euch? Fürchtet und sorgt Euch nicht, auch wenn Ihr noch etwas schwach seid, wenn ich genau wüsste, was Euch fehlt, so würde ich Euch mit Gottes Hilfe gesund machen.“ Als Raymond dieses hörte, wurde er froh und dachte: Sie weiß vielleicht nicht um die Treulosigkeit, die du an ihr begangen hast. Aber sie wusste alles, obwohl sie sich nicht so verhielt. Sie verhielt sich deswegen so, weil sie erkannte, dass er noch keinem Menschen davon erzählt und alles für sich behalten hatte und große Reue deswegen empfand. Raymond sagte: „Mich hat ein Fieber ergriffen, wie es mir schon einige Male passiert ist, und das Fieber dann in einen Schüttelfrost sich wandelte.“ Sie entgegnete darauf: „Lieber Herr, seid darum nicht besorgt, denn Ihr werdet mit Gottes Hilfe bald genesen sein.“ Sie umarmte ihn, herzte und küsste ihn sehr liebevoll, worüber er sich sehr freute und schon bald wieder gesund war.

Nun wenden wir uns wieder Geffroy zu und sehen, wie es ihm mit dem Riesen im Lande Guerande erging. Er ritt kreuz und quer und fragte viele, wo der Riese wäre, denn er wolle ihn im Kampf besiegen. Man zeigte ihm den Felsen, auf dem der Riese in einer mächtigen Burg hauste: Der Riese wurde Gedon genannt, ein großes, fürchterliches Ungeheuer. Geffroy stieg ab vom Pferd und legte seinen Harnisch behende an und er hatte einen großen so genannten Morgenstern, den er an seinen Sattelknauf hing, gürtete sein Schwert um, nahm seine Lanze zur Hand, setzte seinen Helm auf und nahm seinen Schild zu sich, der reich mit Gold verziert war und ritt so ritterlich und unbekümmert auf den Felsen zu, dass jedermann sah, dass er den Riesen nicht fürchtete. Er segnete alle die Seinen, die er mit großen Sorgen zurückließ und die ihn ziehen lassen mussten. Sie hörten von dem Landvolk, dass dies ein gefährliches Unterfangen war, weswegen sie in großer Sorge waren und einige der Seinen bitterlich weinten. Geffroy tröstete sie und sagte: „Seid nicht betrübt, denn mit Gottes Hilfe werde ich den Riesen besiegen und fröhlich und guten Mutes wieder zu Euch zurückkommen." Die Seinen sagten: „Dazu möge Euch und uns die göttliche Stärke verliehen sein." Er ritt guter Dinge auf den Felsen hinauf. Da lag das Schloss hoch auf einem Berge. Geffroy ritt bis vor die Burg und rief laut: „Wer bist du, schamloser Bösewicht, der mir mein Land so lange schon verwüstet und mir und den Meinen so viel Kummer bereitet hat? Und ich kann und will nicht von hinnen scheiden, ich hätte denn mit Gottes Hilfe mich an dir gerächt und dich vernichtet." Der Riese befand sich im Obergeschoss des Schlosses, er sprang herab zu einem Fenster und steckte seinen Kopf heraus, der größer war als ein großes Bullenhaupt. Als er Geffroy mit dem Zahn erblickte, sah er ihn für nichts an, verachtete ihn und wunderte sich, dass ein einziger Mann es wagte, vor sein Schloss zu kommen. Dennoch legte er schnell seine Rüstung an und trat hinaus vor das Schloss und nahm einen Speer und drei große eiserne Stangen und drei Äxte vor seiner Brust mit. Der Riese war wohl über fünfzehn Fuß lang und überraschte Geffroy sehr wegen seiner Größe. Aber er war unverzagt, fürchtete sich nicht und schrie ihn tapfer an. Der Riese Gedon fragte: „Wer bist du, von woher kommst du?" Geffroy antwortete: „Ich bin Geffroy mit dem Zahn. Wehr dich, denn du wirst hier dein Leben lassen!" Gedon der Riese antwortete: „Du unseliger Wicht, ich bring dich mit einem Schlag zu Tode und du dauerst mich, weil du so ein junger Mensch und doch so mutig bist, drum reite unbekümmert wieder fort!" Geffroy aber sagte: „Du erbarmst dich ganz vergeblich meines jungen Lebens, denke lieber an dein Leben, denn mein scharfes Schwert, das gut geschliffen ist, wird ihm bald ein Ende bereiten!" Der Riese aber beachtete die Worte nicht. Geffroy aber schrie ihn an : „Dann wehr dich, wenn dir dein Leben lieb ist!", und damit ritt er ein Stück zurück, legte seine Lanze an, die sehr stark und lang war, und sprengte gegen den Riesen, so schnell das Pferd galoppieren konnte und traf ihn mitten auf die Brust, so dass er ihn auf die Erde warf; der Sturz des Riesen war so gewaltig, dass die Erde davon erbebte. Der Riese stand sofort wieder voller Zorn auf, wie er von eines Ritters einzigem Stoß gefallen war. Er zückte seine stählernen Stangen[15] und schlug damit nach Geffroy, der nun zum zweiten Male eifrig gegen ihn rannte, er traf Geffroys Pferd und schlug ihm beide vorderen Beine ab, denn er war Linkshänder, so dass das Pferd zu Boden fiel. Geffroy sprang schnell von dem Pferd, zückte sein Schwert, griff den Riesen an und gab ihm ei-nen kräftigen Schlag, dass dem Riesen die Sense aus der Hand fiel. Da griff der Riese eine einer eisernen Stangen und schlug so heftig damit auf den Helm, dass Geffroy durch den Schlag beinahe betäubt war. Geffroy, der tapfere Ritter, stieß sein Schwert wieder in die Scheide, lief schnell zu seinem Pferd, riss den Morgenstern vom Sattelknauf und schlug damit dem Riesen seine eisernen Stangen aus den Händen. Der Riese Gedon nahm einen der Hämmer von seiner Brust und schleuderte ihn mit aller Kraft auf Geffroy, dass er ihm damit den Morgenstern aus der Hand schlug: Der Riese bückte sich nach dieser Waffe; Geffroy zückte jetzt sein Schwert und schlug damit dem Riesen die Hand und den Arm vom Körper. Der Riese erschrak über diesen Schlag sehr und griff nach seiner Stange und schlug damit mit der anderen Hand dennoch nach Geffroy. Da wich Geffroy dem Schlag aus, so dass der Riese nieder sank auf ein Knie. Da schlug ihm Geffroy mit dem Schwert auf das andere Bein, dass er nieder zur Erde sank. Der Riese brüllte fürchterlich und rief seine Götter an, dass sie ihm zu Hilfe kämen. Geffroy aber holte zu einem Hieb aus und schlug dem Riesen einen so starken Schlag auf den Helm, dass er dem Riesen Helm und Kopf spaltete; so dass er eines schnellen Todes starb.

Wie Geffroy den Riesen von Guerande erschlug und dann mit des Riesen Horn die Seinen herbeirief.

Und er löste dann die Riemen des Helmes und schlug ihm mit seinem Schwert den Kopf ab und blies in dessen heidnisches Horn. Da kamen die Seinen herbei auf die Wiese vor das Schloss, wo der Riese mit Geffroy gekämpft hatte und wo sie Geffroy gesund und wohlbehalten antrafen, und als sie den ungeheuer großen Riesen erblickten, wunderten sie sich sehr darüber, wie er ihn hatte überwinden können; und sie wollten wissen, wie er ihn hatte besiegen können. Darauf gab er ihnen Antwort und sprach: „Ich musste immer daran denken, wie ich ihn überwinden könnte, denn ich konnte und wollte nicht vor ihm weichen, nachdem er erst auf mich eindrang; und daran, wie ich mein Leben mit Gottes Hilfe retten könnte, so wie ihr es hier sehen könnt.“ Sie dankten Gott von ganzem Herzen und betraten die Festung, die sehr groß und mächtig war. Die Nachricht verbreitete sich rasch im ganzen Land, und es herrschte große Freude über des Riesen Tod und Geffroys heldenhafte Tat. Sofort schickten Geffroys Diener einen Boten nach Vavent und teilten Raymond die große, ritterliche Heldentat mit. Als Raymond die ganze Geschichte erfahren hatte, war er über alle Maßen froh, desgleichen Melusine, die dem Boten einen reichlichen Botenlohn gab. Raymond gab dem Boten einen Brief für Geffroy mit, in dem er ihm unter anderem mitteilte, dass sein Bruder Froymond ein Mönch in dem Kloster Maillieres geworden sei und in der geistlichen Stand eingetreten und eingekleidet worden sei. Dieser Brief hatte schlimme Folgen, denn er bewirkte, dass Raymond all sein Hab und Gut verlor und auch seine über alles geliebte Frau Melusine, wie gleich berichtet werden wird.

Geffroy war noch im Lande Guerande, wo er seiner Tapferkeit und seiner Heldentat wegen von Jung und Alt sehr verehrt wurde. Da kam aus fremden Landen ein Bote geritten, der Nachrichten brachte und einen Brief, in dem stand, dass in dem Lande Northumberland – das liegt, wie ich glaube, in dem Königreich Norwegen – ein riesengroßes Ungeheuer wüte, das alles Land und seine Bewohner verheerte und alle bekriegte; und die Landesherren baten Geffroy, dass er um Gottes und seiner ritterlichen Ehre Willen so gut sein und ihnen zu Hilfe kommen möge. Der Bote sagte ihm auch: „Wenn Ihr das tut und ihnen zu Hilfe kommt, dann wollen sie Euch als ihren rechtmäßigen und natürlichen Herrn anerkennen und huldigen." Auf die briefliche und mündliche Botschaft gab Geffroy die Antwort, die er überbringen sollte: „Sage ihnen, dass ich weder aus gutem Willen, noch um Land und Leute zu erwerben, mich dieser Sache annehmen würde, sondern nur aus Mitleid mit der verfolgten Bevölkerung und weil sie gläubige Christenmenschen sind. Nur deshalb würde ich Leib und Leben einsetzen und mich verpflichten, mit Gottes Hilfe dieses Ungeheuer zu vernichten und sie von der großen Bedrohung befreien." Geffroy traf also alle Vorbereitungen und wollte ohne Verzug nach Northumberland fahren und den Riesen bekämpfen, denn sein Herz und seine Sinne und sein Mut bewogen ihn, sich als Beschützer von Witwen und Waisen zu fühlen, sowie alle Ungläubigen zu vertreiben und zu vernichten. Als er gerade damit beschäftigt war, um sich auf das Meer einzuschiffen, erreichten ihn die Botschaft und der Brief seines Vaters Raymond, von dem wir schon berichtet haben.

Wie Geffroy über die Nachricht, dass sein Bruder Froymond Mönch in Maillieres geworden war sehr grimmig und zornig wurde.

Sein Vater Raymond hatte Geffroy geschrieben, dass er und seine Mutter Melusine gesund und wohlauf wären, auch, dass sie von seinen Brüdern viel von deren Glück und Ansehen gehört hätten, und auch, dass sein Bruder Froymond ein geistlich Leben begonnen und als Mönch in das Kloster Maillieres eingetreten sei. Sein Vater wünschte in dem Brief auch von ihm zu wissen, was seine Pläne oder Meinungen für seine künftigen Taten wären, oder ob er nicht in Kürze vielleicht wieder heimkehren möchte. Als Geffroy nun erfahren musste, dass sein Bruder Froymond ein geistliches Leben gewählt und ein Mönch geworden war, da wurde er vor Zorn blass und grün und schäumte wie ein wildes Schwein, weshalb alle, die bei ihm waren, voller Furcht schwiegen und niemand sich traute, ein Wort zu sagen. Also sagte er sehr zornig: „Die schamlosen, bösen Mönche von Maillieres haben meinen Bruder verhext und mit gierigen Worten hintergangen und betrogen, dass er ritterliche Ehren verschmäht hat und Mönch geworden ist. Das wird für niemanden gut ausgehen und ich werde umgehend dahin und alle Mönche im Kloster umbringen und verbrennen."

Der Bote aus Northumberland, der noch auf ihn wartete, als der seinen grimmigen Zorn sah und mitbekam, dass er vorhatte, eine große Untat zu vollbringen – was er leider auch tat, wie wir später hören werden –, begann sich sehr zu fürchten. Also sagte Geffroy zu ihm: „Du sollst nicht fortgehen, sondern hier auf mich warten, bis ich wieder hierher komme, was auch mit Gottes Hilfe bald geschehen wird. Denn ich werde wieder zurück an diesen Platz kommen und dann mit dir nach Northumberland fahren, wo ich vorhabe, den Riesen zu vernichten und den frommen Leuten zu Hilfe zu kommen." Der Bote hatte ihn so wütend gesehen, dass er es nicht wagte, anderes zu sagen als: „Herr, ich werde hier auf Euch warten und nicht weggehen, Ihr seid denn zuvor wiedergekommen", denn Geffroy war ein sehr zorniger, wütender und furchteinflößender Mann und dazu noch sehr stark und von großen Leibeskräften. Geffroy befahl seinen Dienern, sofort die Pferde bereit zu machen. Dann saß er auf und ritt schnell los und rastete nur wenig, bis er nach Maillieres zu dem Kloster kam. Das geschah an einem Dienstag. Der Abt und das gesamte Konvent kamen Geffroy freudig wegen seiner Ankunft entgegen; diese Freude hatte aber schnell ein Ende, denn Geffroy war voll grimmigen Zornes und sagte zu dem Abt: „Ihr unseligen Mönche, warum habt ihr meinen Bruder betört und hintergangen, so dass er ein Mönch geworden ist und der Ritterschaft entsagt hat? Das war unklug von euch; denn das bedeutet euren Tod, ihr müsst daher alle verderben und euer Leben lassen." Und er wurde sehr zornig und biss vor Grimm die Zähne aufeinander. Der Abt und die Mönche begannen vor großer Angst zu zittern; da antwortete ihm der törichte, einfältige Mann, der Abt, und sprach: „Herr, das ist nicht meine Schuld; vielmehr ist er durch eine Erleuchtung dazu bewegt worden, in diesen Orden und in dieses Kloster einzutreten; und Euer Bruder ist hier anwesend, den könnt Ihr selber fragen, ob es sich so verhält oder nicht!“ Froymond sprach: „Lieber Bruder, ich sage Euch ehrlich und beschwöre es, dass niemand daran die Schuld hat, sondern es allein mein eigener Entschluss war, dass ich hier ein Mönch geworden bin, denn ich habe nichts Besseres erkannt und zu tun gewusst, als aus freiem Willen für Euch zu beten und für meinen Vater und Mutter, Brüder und all unsere Ahnen; und es ist auch der gute Wille meines Vaters und der meiner Herrin und Mutter.“ Geffroy aber war voll grimmigen Zornes und da half kein Zureden noch Güte, er stieg ab von dem Pferde, verschloss alle Zugänge zu dem Kloster und die Mönche darin und ließ sich Mengen an Stroh, Heu und Holz bringen und alles an einem Ort des Klosters aufhäufen und gegen den Wind anzünden. Die Mönche waren allesamt in die Kirche geflohen; diese verbrannte nun vollständig und die Mönche darinnen. Alle Mönche ausnahmslos, alte und junge, kamen in dem Feuer um, so dass nicht einer mit dem Leben davonkam. Dass sie alle, wie berichtet wurde, ganz und gar unverschuldet und unverdient jämmerlich umkamen durch die Wahnsinnstat eines so angesehenen Ritters, brachten seinem Vater und seiner Mutter großen Kummer und viel Leid, wovon wir noch berichten werden und wofür diese Untat ganz allein die Ursache war.

Wie Geffroy das Kloster zu Maillieres samt allen Mönchen darin niederbrannte.

Als jetzt Geffroy seinem Zorn freien Lauf gelassen und seinen bösen Willen ausgetobt hatte an dem Kloster und an den Mönchen, die er so elendiglich unverschuldet verbrannt und vernichtet hatte, nämlich den Abt und hundert Mönche dazu, da ergriff ihn Reue über seine große Sünde und Missetat, was aber für den Abt und die armen Mönche viel zu spät war. Also verließ er den Ort in Zorn und Trauer mit Selbstvorwürfen; denn er begriff, dass er sich gegen Gott und auch die armen Mönche und das ehrwürdige Gotteshaus vergangen hatte. Und so wäre Geffroy vor großem Leid und Vorwürfen fast verzweifelt und schied von da und ritt in das Land Guerande, wo er den Boten aus Northumberland gelassen hatte, der dort auf ihn wartete, wie Geffroy ihn geheißen hatte. Als der Bote Geffroy kommen sah, wurde er sehr froh; und Geffroy wollte ja das, was er zugesagt hatte, auch ausführen und zu seinem Wort stehen und machte sich bereit. Er wurde von dem Volk von Guerande sehr herzlich empfangen, doch er blieb nicht lange, sondern machte sich mit dem Boten zu Schiff auf das Meer und sie legten ab vom Land mit vollen Segeln und hatten zu ihrem Glück guten Wind für die Fahrt nach Northumberland.

Jetzt wenden wir uns wieder der vorhergehenden Geschichte zu, wie es mit Raymond und Melusine weiterging. Raymond war in Vavent, wo er gern und häufig war und Melusine war bei ihm. Und einmal, da sie bei Tische saßen, kam ein Bote, der grüßte den Herren und sie alle, aber er sagte seine Botschaft nicht, denn er wollte damit nicht gern herausrücken, da sie nicht erfreulich, sondern schrecklich war. Raymond fragte ihn, was er für Neuigkeiten brächte. Der Bote hielt seine Nachricht so lange zurück, wie er nur konnte, doch schließlich sagte er: „Herr, meine Botschaft muss ich Euch doch sagen, aber ich tu es nicht gerne: Eines Eurer Kinder ist leider tot.“ Raymond fragte: „Wie kommt das? Welches ist es von meinen Kindern?“ Der Bote antwortete: „Es ist Froymond.“ Raymond sagte: „Lieber Bote, sind ihm die christlichen Tröstungen zuteil geworden, oder nicht?“ Der Bote antwortete: „Nein Herr, keines christlichen Trostes konnte er teilhaftig werden: Er ist in dem Kloster von Maillieres verbrannt, zusammen mit allen anderen Mönchen, die auch verbrannt sind.“ Raymond sprach: „Lieber Bote, sage mir ganz genau, wie das abgelaufen ist; denn ich kann das nicht länger ertragen.“ Der Bote erzählte darauf ihm Geffroys große Untat, seinen Zorn und die Missetat, die er so frevelhaft an dem Kloster begangen hatte, an dem Abt, an seinem Bruder Froymond und an allen anderen Mönchen, und wie er ihn beschuldigt hätte, dass sie seinen Bruder hinterhältig betrogen und verführt hätten, und was ihm die Mönche geantwortet hätten, und wie er die Türen und Tore fest verriegelt hätte und einen großen Haufen Heu, Stroh und Holz gegen den Wind angezündet und die Insassen und das Kloster vollständig verbrannt hätte. Als Raymond diese schreckliche Geschichte gehört hatte, sagte er zu dem Boten: „Lieber Bote, nimm dich in Acht, dass du nicht die Unwahrheit erzählst!“ Der Bote antwortete: „Herr, es ist leider alles wahr, denn ich habe die Klosteranlage in Schutt und Asche selbst gesehen.“ Da Raymond das hörte, wurde er dadurch sehr zornig und von Wut gegen Geffroy mit allen seinen Fasern ergriffen. Er saß schnell auf und ritt ohne Verzug selbst nach Mallieres. Unterwegs hörte er allenthalben im Lande und auch im Dorfe selbst bittere Klagen wegen des Klosters über Geffroy. Er kam zu der Klosteranlage; dort fand er das Kloster und alle Mönche vollständig verbrannt. Da wurde er über alle Maßen zornig und so sehr, dass er selbst dafür bezahlte, wie zu hören sein wird. Er drohte ernstlich, sollte er Geffroys habhaft werden, dann würde er dafür sorgen, dass er eines schlimmen Todes sterben müsste; und er saß voller Wut wieder auf und ritt heim nach Vavent, wo er in der Nacht desselben Tages ankam. Und als er abgestiegen war, ging er in eine Kammer, in der er sich einschloss und sehr über seinen großen Kummer und Herzeleid klagte und über das Verbrechen, das Geffroy an dem Kloster, an seinem Bruder und allen Mönchen begangen hatte; und er erinnerte sich auch an die Untat, die er selbst an dem Grafen von Poitiers, seinem Vetter begangen hatte, obwohl das von ihm nicht beabsichtigt war; und dass er danach eine Meerfrau aus dem Geisterreich zur Frau genommen und mit ihr zehn Söhne gezeugt und jetzt den einen so jämmerlich verloren hatte, umgebracht von dem eigenen Bruder. Er sagte sich: „Sollte Geffroy jemals noch Gutes tun? Dazu hat er aber einen schlimmen Anfang gemacht mit diesem begangenen Mord an seinem Bruder und den vielen frommen Mönchen.“ Und weiter dachte er: „Es ist wohl im Ganzen etwas Gespensterhaftes mit diesem Weib, das kann ich daran erkennen, wie sie im Bade als ein halber Mensch und ein halber Wurm sich zeigte, was ein grauslicher Anblick war.“ Als Raymond jetzt mit diesen Gedanken und großer Verärgerung lag, da schloss Melusine die Kammertür auf, denn sie hatte auch einen Schlüssel und ging hinein zu ihm, und mit ihr waren Ritter und Knechte, Frauen und Jungfrauen und sie fanden also Raymond in Kleidern auf dem Bette liegen. Raymond sah seine Gemahlin kommen, und er war in großer Trübsal und ungewohntem Zorn, womit er sich endlich großes Herzeleid und langdauernde Reue und eine jammervolle, reuige Trennung einhandelte, wie noch zu berichten sein wird. Melusine, die anständige, hochgeborene Fürstin, hub sehr weise an, zu Raymond ihrem Ehemann zu sprechen: „Lieber Freund und Ehemann, du solltest dich nicht so übel aufführen und dich selbst nicht so betrüben und bekümmern wegen Sachen, an denen du selbst nicht schuldig bist und die du nicht ändern kannst; denn du solltest geduldig sein in deinem großen Kummer und Leid und es Gott befehlen, der alles nach seinem Willen richten wird. Er will vielleicht, dass wir diesen Kummer und dieses Herzeleid ertragen müssen und für unsere Schuld und Sünde büßen müssen. Und was niemand wieder herstellen kann, da ist es weise gehandelt, dass man das als gering fahren lässt. Und wenn Geffroy gesündigt und Unrecht an dem Gotteshaus getan, das er dort vernichtet hat, so gelangt er vielleicht zur rechten Reue, so hoffe ich und vertraue auf Gott, er möge es büßen mit wahrer Reue, rechter Beichte und dem ehrlichen Willen zur Umkehr, so dass ich hoffe, dass es gut ausgehe für ihn, denn Gottes Barmherzigkeit ist groß; und er begehrt nicht den Tod eines Sünders, vielmehr will er, dass der Sünder lebe und sich bekehre.“ Melusine sprach sehr vernünftig und weise, aber Raymond lag da in großem Grimm und voller Zorn, dass alle Vernunft ihn verlassen hatte und es ihm nicht möglich war, auch nur ein gutes Wort zu sprechen; wie auch Seneca schon erklärte: Iratus nil nisi criminis loquitur = Der zornige Mensch redet nichts außer Lästerlichem.

Wie Raymond in grimmigem Zorn wegen Geffroys Untat Melusine vor den Leuten beschimpfte, dass sie eine Meerfee und ein Wurm sei.

Raymond sah seine tugendhafte Frau boshaft, zornig und hochmütig an, schwieg erst noch eine Weile und hub dann an vor ihnen allen und sagte: „Oh, du böse Schlange, du scheußlicher Wurm, deine Nachkommenschaft und dein Geschlecht bewirken nichts Gutes! Sieh, welch schönen Einstand dein Sohn Geffroy mit dem großen Zahn gegeben hat, indem er seinen Bruder und ebenso hundert und einen Mönch und das schöne Gotteshaus verbrannt und verbrecherisch vernichtet hat, und insbesondere meinen Sohn Froymond, den ich von Herzen lieb hatte. Und ich bin da gewesen, und habe alles selbst mit eigenen Augen gesehen! Ach Gott, Raymond, wie hattest du nur alle Vernunft so gänzlich von dir weisen und Unbeherrschtheit gewaltsam in dir wachsen lassen können! Wie kannst du der einen Vorwurf machen, der es genau so Leid tut wie dir, die dich lieb und umsorgt hat und nie etwas Böses gegen dich getan hat! Und dann alle die Eide und Gelöbnisse, die du ihr geschworen und versprochen hast, und sie dir auch unmissverständlich gesagt hat, dass, wenn du deine Gelübde nicht hieltest, du sie verlieren würdest! Raymond, Raymond, dein Glück, deine Seligkeit und deine Freuden und Ansehen werden jetzt leider ein Ende haben!“

Als Melusine diese Worte vernahm, da erschrak sie dermaßen im Grunde ihres Herzens, dass sie sich nicht mehr auf den Beinen halten konnte und schnurstracks auf die Erde niederfiel, wo sie eine halbe Stunde liegen blieb. Die Herren und die Diener erschraken gewaltig über die Worte, die sie ihren Herrn zu ihr hatten sagen hören, und noch mehr darüber, als sie ihre Herrin so plötzlich kraftlos hatten umfallen sehen. Sie nahmen sie und richteten sie wieder auf, sie schütteten ihr kaltes Wasser über ihr Gesicht, wohl an die fünfzehn Male, bis sie zuletzt wieder zu sich kam.

Wie Melusine wieder zu sich kam, was sie da mit Raymond und einigen Landesherren beredete über ihr Scheiden und über Horribel, ihren Sohn mit drei Augen.

Da fing sie an zu jammern und sagte zu Raymond: „Ach Gott, ach Gott, ach Gott, Raymond, weh mir, dass du mir je vor die Augen kamst! Weh mir, dass mir deine schöne Gestalt und dein Benehmen je so gut gefiel! Weh mir, dass ich dich je bei der Quelle traf! Weh mir, dass ich deinen schönen Körper je umarmte! Weh mir des elenden Tages, da ich deine Bekanntschaft und Liebe je gewann! Weh mir der Stunde und des Augenblicks, da ich dich zu meinem Herrn machte! Dein großer Verrat und deine Falschheit, deine falsche Zunge, deine zornige grimmige Rede und Vorwürfe, die haben mich in ewige Mühe und Not gestürzt, darin ich bis zum Ende des jüngsten Tages bleiben muss und bis Gott über die Lebenden und die Toten richten wird. Du schamloser, ehrloser, meineidiger Schurke voller Bosheit, du ungetreuer Ritter! Wie hast du zu mir gehalten, wie hast du so schändlich dein Gelübde, deine Seele und Ehre vernachlässigt! Ich hätte es geduldet, dass du mich im Bad gesehen hast, wenn du das für dich behalten und niemand Anderem offenbart hättest; und der böse Feind, solange der es nicht wusste, hätte weder dir noch mir etwas anhaben können. Da du aber selber das jetzt öffentlich gemacht hast, so wirst du nun an Leib und Gut, an der Seele, an Glück und Ansehen Schaden nehmen. Das kommt von deiner Falschheit und deiner Missetat, die du an mir armer Frau so schändlich begangen hast; denn wenn du mir treu geblieben und dein Gelübde gehalten hättest ehrlich und aufrichtig, dann wäre ich ganz natürlich bei dir geblieben und als ein anderes, natürliches Weib gestorben und der Erde anheim gegeben, und meine Seele hätte meinen Körper verlassen und wäre sicher zur ewigen Seligkeit gelangt. Jetzt aber müssen mein Leib und Seele von nun an Mühen und Schmerzen erdulden und darin bleiben bis an den jüngsten Tag, und für dich selbst wird jetzt eine Zeit des Unglücks beginnen und es wird dir sehr schlecht ergehen und dein Land wird nach dir geteilt werden und nie wieder vereint werden in einer Hand. Viele deines Geschlechtes werden ebenfalls unglücklich und niemals zur Ruhe kommen. Sorge von jetzt an nur für dich selbst, denn ich kann dir ab jetzt niemals mehr Gesellschaft leisten, was mir aber doch schwer fällt und Leid tut." Die unglückliche Melusine bat mit traurigem Gemüte drei Landesherren und ging mit ihnen allein zu Raymond hin und sprach zu ihm: „Raymond, für mich ist nun kein Bleiben mehr. Horribel, unsern jüngsten Sohn, den darfst du nicht am Leben lassen, sondern musst ihn in der Stunde meines Scheidens umbringen und töten, denn er hat drei Augen mit auf die Welt gebracht; und wenn er lebendig bliebe, dann würden im ganzen Land von Poitiers in einem großen Krieg, der dann ausbrechen würde, weder Korn noch andere Pflanzen wachsen, und er würde es sehr verwüsten und seine Brüder würde er alle in große Armut stürzen und alle seine Freunde und die Angehörigen seines Geschlechtes würde er alle verderben und ebenfalls in Armut stürzen. Aber wegen des Zornes, den du hegst, weil Geffroy leider das Kloster und die Mönche verbrannt und vernichtet hat, sollst du wissen, dass das auch in Gottes Willen für die Mönche vorgesehen war wegen ihrer Sünden, da sie nicht ein gutes geistliches Leben geführt haben und mancherlei getan haben, was sie hätten vermeiden sollen; und du hast ja auch von mir gehört, dass um eines Sünders willen leicht hundert vernichtet werden; und sie haben ihren Orden und die Ordensregeln nicht in Ehren gehalten. Und du sollst wissen, dass Geffroy das Kloster wird wieder aufbauen lassen, kostbarer und schöner, als es je gewesen war, und er wird für bessere und mehr Mönche darin sorgen, als jetzt darin gewesen sind, und er wird das Kloster mit reichlichem Besitz ausstatten und noch viel Gutes tun, wenn er älter wird. Aber das sage ich dir noch, ehe ich von dir scheide: Dass du und alle, die noch in vielen hundert Jahren nach dir kommen, wissen sollen, dass, wenn man mich in der Luft schweben sieht über oder bei dem Schloss Lusignan, so könnt Ihr sicher sein, dass noch im gleichen Jahr das Schloss einen neuen Herrn bekommt; wenn man mich aber in der Luft nicht sehen kann, dann wird man mich bei der verwunschenen Quelle sehen, und das geschieht, solange das Schloss in Ehren besteht – denn ich habe dem Schloss ja einen Teil meines Taufnamens gegeben –, und zwar jeweils am Freitag drei Tage bevor der Herr des Schlosses wechselt.

Dass ich aber das Schloss verlassen und scheiden muss, das nimmt mir jede Freude; doch kann es leider nicht anders sein.“

Wie Melusine so jämmerlich klagte über ihr Unglück und Scheiden von Raymond, das sie tun musste, und wie er sie um Gnade bat und beide vor Kummer niederfielen.

„Raymond, als wir im Unglück zueinander fanden, da hatten wir beide aneinander Freude und Lust und Vergnügen; ach Gott, daraus sind nun Leid und Kummer geworden. Unsere Freude hat sich verwandelt in große Traurigkeit, unsere Stärke und Kraft in Ohnmacht, unser Wohlgefallen in Missmut, unsere Seligkeit in Elend, unsere Sicherheit in Sorge und unsere Freiheit in Abhängigkeit. Das bewirken die Zufälle des Glücks, das den einen erhöht und den anderen erniedrigt. Aber du bist selbst daran schuldig; durch deine große Falschheit und Untreue musst du jetzt deine Herzallerliebste verlieren und wirst sie niemals wiedersehen.“ Melusine sagte weiter: „Jetzt kann ich nicht länger bleiben. Allerliebster Freund Raymond, Gott verzeihe dir deine große Missetat, die du an mir begangen hast, wodurch ich leiden muss bis zum Jüngsten Tag; von dem ich wähnte, durch dich erlöst zu sein. Ach Gott, jetzt muss ich wieder zurück in Leid und Kummer, aus dem ich gekommen bin!“ Raymond war schier verzweifelt über diese Worte der hochgeborenen Fürstin, seiner geliebten Ehefrau, dass es unmöglich zu beschreiben oder zu sagen wäre, und er konnte vor lauter Herzeleid und Jammer kein Wort sprechen, denn er glaubte, dass sein Herz jeden Augenblick vor großem Schmerz und Leid zerspringen müsste, was er auch am liebsten von Gott gewünscht hätte. Raymond erhob sich aber und ging zu Melusine mit jämmerlichen Gebärden und umarmte und küsste sie klagend und weinte bitterlich. In großem bitterlichem Jammer und unaussprechlichem Herzeleid, das sie beide wegen des Scheidens bedrückte, sanken sie zusammen nieder zur Erde.

Wie Melusine, als sie wieder zu sich kam, über ihr Scheiden bitterlich klagte und ihr Testament machte, als ob sie sterben müsste.

Die Landesherren und die Hofdiener und die edlen Damen und Jungfrauen wurden sehr traurig und hoben beide wieder auf, und als sie wieder etwas zu sich selbst gekommen waren, da weinten sie beide und alles Volk inniglich. Da stand Raymond auf und fiel vor ihr auf die Knie und bat sie flehentlich, dass sie ihm verzeihen und vergeben möge, dass er das Verbot so schwer übertreten und sich selbst so vergessen hätte. Melusine antwortete darauf: „Das kann und darf nicht sein, denn Gott hat es so gewollt und es muss anders geschehen, als es uns beiden passt oder lieb ist. Doch, lieber Raymond, vergiss deinen Sohn Froymond, aber deinen Sohn Raymond darfst du nicht vergessen; denn er wird der Graf vom Forst werden, anstelle deines Bruders. Denke auch an Dietrich, deinen jungen Sohn, der noch nicht der Amme entwöhnt ist, denn er wird der Herr von Partenach und Rochelle werden, wo er auch noch ein sehr tapferer und treuer Ritter werden wird, wie auch alle seine Söhne männliche, treue, hoch angesehene und starke Ritter werden. Und du, lieber Freund, mögest alle Zeit Gott für mich bitten, dann werde ich auch deiner nicht vergessen. Du wirst auch von mir Trost und Hilfe in deinen Nöten erwarten können, auch wenn du künftig mich nicht mehr in menschlich weiblicher Gestalt sehen wirst.“ Melusine sprang mit beiden Füßen zugleich an ein Fenster und schaute dort hinaus und wollte aber nicht von hier scheiden, ohne sich von den Landesherren und allem Hofgesinde zu verabschieden, wie noch berichtet werden wird. Jetzt sprach sie aber erst einmal zu Raymond und segnete ihn: „Segne dich Gott, mein Herz, mein Leben, meine wahre rechte Freude, mein zeitweiliges Glück; Gottes Segen auf dir mein holder, über alles geliebter Ehemann, mein köstliches Kleinod, das ich so sorgsam gehütet habe, Gott segne dich, mein Liebhaber und mein Mann, zugleich aber auch mein Herr und Gebieter, meine Zuflucht, mein Vergnügen, meine Schande und mein Jubel. Gottes Segen über alles Volk, das Schloss Lusignan, so edel und schön, das ich erbaut und selbst gestiftet habe. Gottes Segen über alle schöne Musik, alles Lob und alle Ehren und alles das, was einer Frau gut gefallen kann. Gottes Segen über dich, geliebter Freund, der mein Herz vollständig besessen hat!“

Wie Melusine durch die Luft mit großem Geschrei hinweg fuhr.

Als nun Melusine ihre Ansprache beendet hatte, tat sie vor ihnen allen einen Satz auf ein Fenster zu und sprang hinaus und war augenblicklich wieder vom Gürtel abwärts ein grässlicher, ungeheuer großer und langer Wurm geworden, worüber sich alle entsetzten, denn niemand von ihnen allen hatte sie jemals vorher in diesem Zustand gesehen, noch davon gehört, außer Raymond, als er in der verhängnisvollen Stunde mit ihr Geffroys wegen in Streit geriet, wie zuvor berichtet worden ist. Melusine schoss schnell durch die Luft, als ob sie flöge, und sie umkreiste dreimal das Schloss und stieß jedesmal einen schrillen, erbärmlichen Schrei aus und schoss dann schnell durch die Luft, so dass in kürzester Zeit sie von niemandem mehr gesehen werden konnte. Raymond stand bei den Seinen in unsagbar großem Leid und großem Schmerz und weinte bitterlich und raufte seine Haare und verfluchte heftig und mehrfach die Stunde seiner Geburt. Und da es vor Schmerz aus ihm herausbrach, rief er: „Jetzt segne dich Gott, meine schöne Gemahlin, meine liebste Freundin, die Krone aller Seligkeiten; segne dich Gott, mein Glück und mein Wohlergehen; segne dich Gott, meine süße Herrin, meine Freude und mein Reichtum; segne euch Gott, all unsere Vergnügen, unsere Freuden und Jubel; segne euch Gott, die hoch zu preisende, die ich auch verehre und lobe; segne euch Gott, meine Frau und Gemahlin, meine holde Dame, meine liebliche Blume, meine Rose, mein Veilchen und aller Blumen süßer Duft! Nunmehr sind alle meine guten Tage und Zeit vergangen, seitdem ich euch nicht mehr sehen kann.“

Wie Raymond von Herzen innig Melusine beklagte und wie Horribel, ihr Sohn, erstickt wurde, damit er nichts Böses anrichten könnte.

Raymond klagte unaufhörlich und heftig, dass alle die Seinen und wer das sonst noch sah, mit ihm weinen und trauern mussten, denn auch sonst war in allen ihren Landen und anderswo, wo man sie gekannt hatte, große Trauer ihretwegen. Besonders klagte er darüber, dass wegen seines Bruchs der gegebenen Eide und Gelöbnisse er sie verloren hatte und nie wieder bekommen würde; das alles setzte ihm so sehr zu, dass ihn danach nie mehr ein Mensch fröhlich sah, bis an sein Ende. Doch es gab da auch solch weise und redliche Leute, die ihn trösteten und sehr in seinem Kummer und Leid aufrichteten und ihm viele schöne Beispiele erzählten, von diesem oder jenem, die bewirkten, dass sich sein Kummer mit der Zeit doch etwas verringerte.

Da hub dann ein Herr an, der sein Diener war, und sprach: „Herr, Ihr wisst, was Euch Frau Melusine geraten oder befohlen hat, wie mit Eurem Sohn Horribel verfahren werden solle, nämlich dass Ihr ihn töten lassen sollt, wenn Ihr nicht wollt, dass er das ganze Land vernichtet.“ Raymond antwortete: „Lieber Freund, was sie mir oder Euch geraten oder befohlen hat, das führt aus unverzüglich nach bestem Wissen und Vermögen.“ Raymond blieb nicht lange da, wo sie mit ihm gesprochen hatten, sondern ging und schloss sich in eine Kammer ein und setzte da seine Klagen fort in nicht zu beschreibender Weise. Die Hofleute und Herren wollten ja Melusinens Rat folgen und dem großen Unglück, das von ihrem Sohn Horribel ausgehen würde, zuvorkommen und nahmen den Knaben und führten ihn in einen Kellerraum, wo sie alle Fenster verstopften und feuchtes Heu und Stroh hineintrugen und dieses anzündeten, und ihn also erstickten. Dann legten sie ihn auf eine Trage und trugen ihn zur Bestattung in die Kirche, als ob er eines natürlichen Todes gestorben sei und gingen wieder von dannen. Als dies vollbracht war, da klagte Raymond ununterbrochen in tiefer Trauer über den Verlust seiner Frau und geliebten Gemahlin und verfluchte heftig die

Stunde seiner Geburt und sein Jammer war unbeschreiblich groß. Es gab aber noch zwei ihrer kleinen Kinder im Schloss, die noch der Brust bedurften, wofür sie ihre Ammen hatten. Die sahen oft zu beginnender Nacht und später, dass Melusine in die Kammer kam, in der die Kinder lagen, und eines nach dem anderen, nämlich Dietrich und Raymond, aufhob und sie an dem Feuer wärmte

Wie Melusine nach ihrem Verschwinden nachts oft wiederkam und ihre Kinder stillte, was die Ammen sahen.

und liebevoll stillte und sie dann wieder niederlegte. Das sahen die Ammen sehr oft, trauten sich aber nicht, aufzustehen oder gar ein Wort mit ihr zu sprechen; doch sie berichteten Raymond, ihrem Herren davon. Der freute sich darüber von Herzen und hegte die Hoffnung, er könne eines Tages dadurch seine geliebte Ehefrau wiederbekommen, was aber leider nicht sein konnte. Das Kind Dietrich wuchs dabei so schnell und nahm so leicht zu, dass es in einem Monat mehr wuchs, als kein anderes in dreien tat, worüber die Leute sich sehr wunderten. Da meinten einige, das käme daher, dass seine Mutter es selber säugte. Jetzt aber wieder zurück zu Geffroy und wie er den Riesen besiegte in Northumberland.

Wie schon berichtet war Geffroy im Lande Guerande an Bord eines Schiffes gegangen und mit dem Boten so lange und so weit gefahren, bis sie die Küste von Northumberland erreichten und dort an Land gingen. Das wurde im ganzen Land bekannt; die Landesherren allesamt kamen herbei und empfingen ihn mit allen Ehren. Und einer der Landesherren, der ein angesehener Herr war, erzählte von den grausamen Taten, die der Riese täglich beging und dabei manchen tapferen Mann umbrachte, so erschlug er an einem einzigen Tag wohl hundert Ritter und auch noch viele des gemeinen Volkes dazu, mehr als tausend Leute, und dass er das Land ganz und gar sehr verwüstete, beraubte und verheerte. Geffroy sagte: „Das ist wahrlich kein Mensch, sondern ein richtiger Teufel; doch wenn ich ihn finde, so hoffe ich mit Gottes Hilfe, ihn besiegen und töten zu können, dafür bin ich hergekommen und wegen nichts anderem, als Euch aus seiner Gewalt und seinen Verbrechen zu erlösen, mit Hilfe des Allmächtigen. Und ich will es kurz machen: Denkt daran, mir einen kundigen Führer beizugeben, der mich schnellstens zu ihm führt." Die Landesherren gaben ihm schnellstens einen Kundschafter bei, dem das ganze Land und die Gegend um die Behausung des Riesen gut bekannt war. Geffroy wollte jetzt die Sache schnell zu Ende bringen und verabschiedete sich von allen Landesherren und den Seinen, und sie ritten zu den Bergen hin, wo der Riese öfter und meistens seinen Wohnsitz gehabt hatte. Der Kundschafter sagte: „Herr, auf diesem Berg und in dieser Umgebung hat er seine Wohnung." Als sie nun zu dem Berge kamen und ihn hinauf ritten, da stieg der Kundschafter auf einen Felsen, drehte sich um und schaute umher, da erblickte er dort bei einem Felsen den großen Teufel und grausamen Riesen unter einem Baum bei einem Marmorstein sitzen, und da er sah, dass der Riese so nah war, trat ihm der Angstschweiß aus, und er begann zu zittern und wurde abwechselnd blass und rot. Das bemerkte Geffroy, der nicht ahnte, dass der Kundschafter den Riesen gesehen hatte, noch dass er so nahe war; da begann Geffroy zu lachen und sagte zu seinem Kundschafter: „Lieber Freund, sei tapfer und fürchte dich nicht: Ich bin doch derjenige, der dir und den anderen helfen wird mit Gottes Hilfe." Der Kundschafter antwortete: „Herr, ich bin Euch zum Kundschafter beigegeben, um Euch zu dem Riesen zu führen; den zeige ich Euch hier an dieser Stelle." Und also wies er ihm den riesenhaften Mann dort unter dem Baum sitzend bei dem Marmorstein, und sprach zu Geffroy: „Lieber Herr, Gott gebe Euch Kraft und Mut und habt von nun an selbst gut Acht auf Euch, das möge Euch helfen! Und lasst mich gnädig von Euch scheiden, denn ich würde nicht für alles Gold und Silber dieser Welt weiter mit Euch zu dem Berg reiten, seit ich den großen Teufel und gewaltigen Mann gesehen und Euch gezeigt habe." Dieser Riese wurde Grimold genannt, der sah jetzt, dass diese zwei zu ihm wollten, da blieb er erst einmal still sitzen, um zu beobachten, was daraus werden würde, ob sie sich ihm etwa nähern und ihn angreifen würden. Geffroy sprach zu seinem Führer und bat ihn lachend, dass er nicht sofort von ihm schiede und noch ein klein wenig bei ihm bliebe und den Kampf beobachten sollte: Denn binnen Kurzem, wisse er, wer von den beiden der Sieger sei. Der Führer sagte: „Was habe ich mit Eurem Kampf zu tun? Ich will von Euch wieder nach Hause reiten. Ich habe vollendet, was man mir befohlen hat.“ Geffroy aber sprach immer noch lachend zu ihm: „Lieber Freund, sieh, warte hier an dieser Stelle und gedulde dich. Du kannst schon bald sehen, wie es ausgeht, dann kehre wieder zu meinem Volk zurück, um denen zu sagen, wie unser Kampf endete.“ Der Führer sagte: „Herr, ich traue mich nicht abzulehnen, was Ihr mir befohlen habt. Aber ich wünschte, dass Ihr es kurz macht; denn ich fürchte den Riesen sehr, ich denke, er ist ein richtig grausamer Teufel. Wenn Ihr ihn richtig einschätztet, würdet Ihr nicht Euer junges Leben so töricht gegen diesen großen fürchterlichen Teufel wagen.“ Geffroy sagte: „Fürchte dich nicht; denn er wird, wenn Gott will, nicht mehr lange leben, sondern bald von mir erschlagen werden.“ Doch dann erlebte Geffroy von dem Riesen erheblichen Widerstand und hatte enorme Mühsal, wie gleich berichtet wird, denn Grimold, wie zuvor berichtet, hatte mit eigener Hand mehr als tausend Männer aus diesem Land erschlagen.

Wie Geffroy zu dem Riesen kam in Northumberland durch einen Führer, der ihm beigegeben war.

Geffroy schied jetzt von dem Führer und kam zu dem Berg. So sieht ihn Grimold allein gegen ihn den Berg hinauf reiten und wunderte sich, dass ein einziger Mann sich das zutraute. Aber er dachte: „Vielleicht ist es ein Unterhändler zwischen dem Land und mir“, und er erhob sich und ging ihm entgegen den Berg hinab auf eine schöne ebene Wiese, die da war, und nahm eine sehr große, lange Stange aus Mistelholz zur Hand, die er so leicht handhabte, wie ein kleiner Junge einen leichten Stock. Als er nun Geffroy so nahe gekommen war, dass er ihn gut hören und verstehen konnte, da schrie der Riese Geffroy an und rief: „Wer bist und von woher kommst du, dass du so ungebührlich und verwegen gegen mich reitest? Was ist deine Absicht und was suchst du hier?“ Geffroy antwortete: „Du widerlicher Verbrecher und Teufelsspross, ich werde nicht mit dir verhandeln, denn ich werde dich mit Gottes Hilfe besiegen und dir noch heute deinen Kopf abschlagen! Wehr dich jetzt Riese, solange du noch kannst!" Der Riese sagte höhnisch: „Lieber Herr, seid doch nicht so ungnädig zu mir! Lasst mich doch am Leben und nehmt mich gefangen und verlangt ein Lösegeld, wenn Ihr mir mein Leben lasst!" Geffroy begriff, dass er seiner nur spottete und sagte: „Du großer Hund, du wirst bald und noch heute mir dein Gespött vergelten müssen, wie ich bei Gott hoffe!" Und damit nahm er seinen Schild nahe zur Brust und ritt mit angelegter Lanze so schnell und wütend gegen den Riesen und traf ihn mitten auf die Brust. Wäre der nicht so gut bewaffnet gewesen mit seinem stählernen Harnisch, so hätte Geffroy ihn durchbohrt; so aber gab Geffroy ihm einen solch starken Stoß, dass er ihn zur Erde niederwarf, so dass er die Beine gen Himmel streckte. Und so sprang er sofort wieder auf und fand, dass er einen gewaltigen Stoß erhalten hatte. Als Geffroy das sah, sprang er schnell von seinem Pferd; denn er fürchtete, sein Gegner könnte ihm sein Pferd erschlagen, damit er ihn auch erledigen könnte. Und als der Riese Geffroy näher ansah, wunderte er sich über die Kraft, die Geffroy bewiesen hatte und sagte zu ihm: „Ich weiß nicht, wer und von woher du bist, du hast mir aber einen Stoß gegeben, dass ich meine Beine in die Luft gestreckt habe; und ich möchte von dir wissen, wenn du ein ehrlicher Ritter bist, dass du mir deinen Namen nennst." Geffroy antwortete: „ Ich werde Geffroy mit dem großen Zahn genannt und bin weithin bekannt. Ich bin geboren im Schloss Lusignan und bin ein Sohn von Melusine." Da sagte der Riese: „Von dir habe ich schon viel gehört, du bist der, der meinen Onkel Gedon, den Riesen von Guerande, erschlagen hat; und du bist hergekommen, damit dir hier dafür der Lohn wird. Den werde ich dir bald geben und dir dafür danken und ich werde mich schleunigst an dir rächen." Geffroy sagte darauf: „Viele denken, ihren Schaden zu rächen und vermehren doch nur ihr Unglück." Der Riese spürte noch den Stoß, den Geffroy ihm verpasst hatte, und zückte seine Stange und schlug in Richtung Geffroys rechte Hand, denn der Riese war ein Linkshänder und hoffte, ihn zu erwischen.

Geffroy aber war sehr gewandt und flink und wich dem Streich behende und schnell aus. Der Riese hatte einen so gewaltigen Streich getan, dass er die Stange ein Fuß tief in den Felsen schlug. Geffroy tat einen Hieb mit seinem Schwert und schlug dem Riesen seinen Harnisch entzwei, dass die Ringe dadurch zu reißen begannen und das Blut über seinen Harnisch herabzufließen anfing. Der Riese wurde darüber wütend und ging wieder auf Geffroy los und tat einen so gewaltigen Streich mit der Stange, dass, wenn Geffroy ihn abgewartet hätte, er ihn damit hätte töten können. Geffroy kannte aber nun die große Kraft des Riesen und wich dem Schlag aus, der Riese tat aber erneut solch ungeheuren Schlag gegen Geffroy, dass er über drei Fuß tief in den Felsen schlug, so dass ihm von dem Streich der Arm betäubt wurde und die Stange splitterte und in der Mitte brach. Darüber wurde Geffroy von Herzen froh und er dankte Gott im Stillen. Er wandte sich erneut gegen den Riesen und gab ihm mit seinem Schwert einen so starken Hieb auf den Helm, dass er von dem Hieb sehr betäubt war. Der Riese war jetzt wehrlos, aber er schlug mit geballter Faust Geffroy so hart auf seinen Helm, dass er dem nicht standhalten konnte, sondern nahebei zur Erde niederfiel.

Von dem starken Schlag war die Faust des Riesen mächtig geschwollen. Geffroy tat aber einen starken Schlag, in den er alle seine Kräfte legte, auf die eine Schulter, so dass er dem Riesen durch den Panzer drang und ihn sehr tief verwundete, dass ihm das Blut bis auf die Füße lief. Als der Riese dies erkannte und sein Blut so verströmen sah, begann er seinen Göttern Mahomet, Apollo, Tervigant und Jupiter zu fluchen, dass sie ihm nicht zu Hilfe gekommen waren; doch war er darin doch auch betrogen; denn sie hätten ihm weniger, als er sich selbst helfen können. Der Riese sprang auf Geffroy zu und umfasste ihn, um mit ihm zu ringen; sie griffen beide hart zu und rangen miteinander heftig und so lange, bis beide atemlos waren. Der Riese drohte aber wegen seiner Wunden ohnmächtig zu werden, da löste sich Geffroy von ihm und griff sich wieder sein Schwert, womit er ihn weiter verwundete durch einen Hieb, dass er stark zu bluten begann und zu verzagen; so war der Riese also besiegt und wandte sich rasch ab zur Flucht

Wie Geffroy den Riesen besiegte und der Riese die Flucht ergriff in den Felsen.

und sprang in den Felsen unterhalb von ihm wie in ein finsteres Loch in einem Keller, wo ihn Geffroy nicht verfolgen, noch fassen konnte. Also stieg er wieder auf sein Pferd und ritt hinunter zu seinem Führer, der hier unten in großer Sorge gewartet hatte und der sich über seine Ankunft von Herzen freute; und er berichtete ihm den ganzen Verlauf, wie ihm der Riese besiegt geflüchtet und in dem Felsen verschwunden war. Geffroys Helm war stark beschädigt mit großen Beulen darin, auch sein Harnisch war stark beschädigt; woraus der Kundschafter ersehen konnte, dass Geffroy sich tapfer geschlagen und große Mühe gehabt hatte. Während dieses Berichtes kamen etliche der Landesherren und auch von Geffroys Begleitung und freuten sich aus ganzem Herzen über den Sieg. Als sie aber begriffen, dass der Riese noch lebte und ihm besiegt in den Felsen entflohen war, da fürchteten sie, der Riese könnte von seinen Wunden genesen, wenn ihn Geffroy nicht endgültig tötete und sie fragten ihn, ob ihn der Riese nicht gefragt hätte, wer er sei und von woher er gekommen sei. Geffroy sagte darauf: „Sicher ja, er hat mich eindringlich gefragt, wer ich sei und woher ich käme; und es schien mir, dass ich ihm das billiger Weise sagen sollte und könnte, und ich habe es ihm daher auch genau gesagt." Da sagte einer der Landesherren: „Herr, Ihr könnt sicher sein, dass unter keinen Umständen der Riese wieder zu uns herauskommt, solange Ihr noch hier seid; denn er weiß genau, dass Ihr ihn töten werdet, wie ihm das vorher geweissagt worden ist." Geffroy schwor bei der heiligen Dreifaltigkeit, dass er das Land nicht verlassen werde, bevor er den Riesen gefunden und getötet hätte. Einer der Landesherren sagte: „Herr, der Berg, in den der Riese geflohen ist, in dem gibt es viele Gespenster und unheimliche Sachen; denn der König Helnias von Schottland wurde von seinen drei Töchtern darin eingesperrt und musste bis zu seinem Tode darin bleiben, weil er Presine, seine Ehefrau, im Wochenbett aufgesucht hatte, obwohl er ihr versprochen und geschworen hatte, dass er das niemals tun würde, um nicht hinter ihr Geheimnis zu kommen. Aber die Königin Presine bekam drei Töchter von dem König Helnias, und der König hatte ihr hoch und heilig geschworen, dass er sie niemals zu der Zeit aufsuchen würde, wie er beschworen hatte; da er das aber nicht eingehalten hatte, mussten die Mutter und ihre Töchter ihn verlassen und die drei Töchter des König Helnias schlossen daher ihren Vater in dem Berg ein, und noch niemand hat erfahren, wohin die Mutter und ihre drei Töchter gekommen oder wo sie verblieben sind. Schon zu Zeiten des König Helnias hat hier immer ein Riese gehaust, der diesen Berg bewacht hat, und es ist der fünfte oder sechste Riese, der unser Land verwüstet bis zu Eurer Ankunft; daher haben er oder die, die seine Vorfahren waren, jeden, dessen sie habhaft werden konnten, umgebracht. Und unser jetziger König konnte uns vor ihm nicht schützen und hat uns also aufgegeben, weshalb wir ganz in seiner Hand und auch der seiner Vorfahren gestanden haben, seit unser König Helnias in dem Felsen eingeschlossen ist zu unserem Unglück, bis zu Eurer gegenwärtigen Ankunft, die uns, wie wir hoffen, von Gott zu unserem Trost beschert worden ist."

Als Geffroy diese seltsame Geschichte gehört und verstanden hatte, fasste er einen Entschluss und schwor ernsthaft und heilig, vor allen, die zugegen waren, dass er nicht fortreiten und das Land nicht eher verlassen würde, bis der Riese von seiner Hand den Tod gefunden hätte. Da inzwischen die Nacht herannahte, da begaben sich alle zu ihrer Herberge und Geffroy mit ihnen. Sehr früh am nächsten Morgen machte sich Geffroy auf den Weg, um die angefangene Sache zur Entscheidung und zu Ende zu bringen und den Riesen zu töten, oder nicht weiter leben; nachdem er eine Messe gehört hatte, setzte er sich auf sein Pferd und ritt ohne Furcht und Sorge vor dem Riesen auf den Berg und zu dem Felsen, in dem ihm der Riese entkommen war.

Wie Geffroy des Riesen Höhle suchte und sich an seiner Lanze in sie hinab ließ.

Also suchte er dort das Loch so lange, bis er es fand, sprang schnell von seinem Pferd, griff seine Lanze und stieß sie hinunter in das finstere Loch und sagte: „So, jetzt hinein, ich weiß, dass der Riese hier darinnen ist; und er hat auch die drei Töchter des Königs Helnias hier gefangen gehalten und ihren Vater: Das ist eine gar befremdliche Geschichte. Ich habe aber geschworen und werde das auch halten, dass ich den Riesen töten und dieses Land erst dann verlassen werde, wenn ich ihn sicher mit eigener Hand erledigt habe. Darum verleihe mir Gottes Kraft Stärke und Segen: Ich werde jetzt im Namen Gottes und um des christlichen Glaubens willen den Riesen suchen, der doch ein Ungläubiger und Heide ist, wie ich bemerkte, als er in Not war." Die Landesherren baten Gott, ihm Glück und Sieg zu gewähren und befahlen ihn Gott. Geffroy schlug ein Kreuzeszeichen und ließ sich an seiner Lanze hinab in den finsteren, gespenstischen Felsen und nahm, als er unten ankam, seine Lanze mit der eisernen Spitze voran und suchte überall weit und breit, ob er wohl den Riesen fände und ging weiter und schaute rechts und links, bis er in der Ferne einen Tageslichtschimmer und einen langen Gang fand. Er nahm seine Lanze vor sich und tastete mit ihr die Wände ab, bis er eine schöne Kammer fand, die in den Felsen gehauen war und nur eine Tür hatte. Er sah sich also die Kammer und den darin aufgehäuften Reichtum an, der aus Gold und Edelsteinen und reichen Verzierungen bestand; in der Mitte der Kammer befand sich ein Sarkophag, der auf sechs goldenen Pfeilern stand, die aus fein geprägtem und getriebenem Gold bestanden; und außerdem war das Grab mit kostbaren Edelsteinen reich verziert, denn diese Edelsteine wuchsen auch massenhaft in dem Berg.

Wie Geffroy die Abbildungen seines Großvaters und seiner Großmutter in Edelstein geschnitzt und ihre Geschichte auf einer Tafel geritzt im Berge Avalon fand.

Auf dem Deckel des Sarkophags befand sich gehauen in Chalcedon das Relief eines Königs, bewaffnet und gekrönt als liegende Gestalt und zu seinen Füßen eine aufrecht stehende Frauenfigur aus Alabaster, die eine Tafel in den Händen hielt, auf der folgender Text eingeritzt war:

„Dies ist der König Helnias, mein lieber Gemahl, der hier begraben liegt; und er war der König von Schottland. Er hatte mir geschworen, als er mich zur Ehefrau nahm, dass er sein Leben lang derweil ich im Kindbett liege, niemals mich aufsuchen, nach mir sehen, nach meinem Tun und Lassen in dieser Zeit fragen oder durch jemand anderem forschen lassen wollte; und weil er mir dies nicht gehalten, seinen Eid und sein Gelübde gebrochen hat, so musste ich ihn verlassen. Bis zu dieser Zeit bekam ich drei Töchter, die alle schön und wohlgestaltet waren, und ich schied daher von ihm und nahm meine Töchter mit mir fort, und es wusste weder mein Ehemann, noch irgend jemand anderes hatten es je erfahren, wohin ich oder die Töchter gekommen waren. Und so habe ich die drei Töchter selbst erzogen und an meiner Brust genährt; als sie fünfzehn Jahre alt geworden waren, da habe ich ihnen von dem Verrat berichtet, den ihr Vater und mein Ehemann, der König von Schottland, an mir begangen hatte, der hier liegt im Berge Avalon, wo dieser Riese haust. Als ich meinen Töchtern das berichtet hatte, da wurde Melusine, die jüngste unter den Töchtern, sehr zornig und sagte: 'Mutter, ich werde dich wegen dieser Missetat an meinem Vater rächen', und ihre beiden Schwestern nahmen an dem Plan teil und sie haben also ihren Vater in diesen Felsen eingeschlossen, und als er gestorben war, bestattete ich ihn unter diesem Stein, der hier vor mir steht, und ich ließ diesen Sarkophag mit seinem Bildnis darauf machen, damit die, die diese Tafel lesen, seiner gedenken möchten; denn hierhin würde kein Mensch kommen können, es sei denn, er wäre aus meinem oder meiner Töchter Geschlecht. Den Riesen, der hier haust, den habe ich hergebracht, dass er die Tür behüte, damit niemand, der nicht aus unserem Geschlecht ist, hierher komme. Ich habe aber meinen Töchtern drei Merkmale mitgegeben; nämlich Melusine, der jüngsten, die sehr klug und verständig war, dass sie sein und werden soll jeden Samstag vom Nabel abwärts eine Schlange oder Drache und dass, wer sie zur Frau nimmt, sich hüten soll und ihr schwören und geloben muss, sie an keinem Samstag jemals sie aufsuchen noch nach ihr fragen würde, sondern sie den ganzen Tag ungestört und vollständige Freiheit lassen würde und dieses Geheimnis niemandem verraten dürfe; und wenn er das einhielte, dass sie dann ihr Leben lang bei ihm bliebe und schließlich wie andere sterbliche Wesen stürbe. Die zweite Tochter, die mittlere, ist Meliore genannt, sie ist eine liebreizende Jungfrau. Der habe ich eine dämonische Eigenschaft verliehen; nämlich dass sie Zeit ihres Lebens Hüterin eines Schlosses im Königreich Schottland gelegen, ein sehr mächtiges Schloss, sein soll und sie soll einen Sperber halten. Und wem es gelänge, auf das Schloss und zu ihr zu kommen, der muss den Sperber drei Nächte und drei Tage bewachen ohne zu schlafen: Wenn ein Ritter das vollbracht hat, der kann dann von ihr eine Belohnung an irdischen Gütern fordern, ausgenommen die Jungfrau selbst. Es soll aber kein Ritter dort Wache halten dürfen, der nicht von hoher Abstammung wäre. Wer aber die Wache in den drei Nächten und Tagen nicht durchhält und ein wenig oder länger einschläft, der muss bis an den Jüngsten Tag bei Meliore, meiner Tochter, als ein gefangener Ritter bleiben. Die dritte Tochter, genannt Plantine, die älteste, der habe ich mitgegeben, dass sie in dem Königreich Aragonien auf einem sehr hohen Berg, genannt Canigou, den Schatz ihres Vaters hüten soll und muss, solange bis einer aus unserem Geschlecht kommt, der mit Gewalt den Berg und den Schatz erobert und mit diesem Schatz das Gelobte Land, das heißt das heilige Grab und Jerusalem befreit. Ich selbst heiße Presine und bin die Mutter der drei Töchter, und ich habe ihnen diese Gaben oder Flüche mitgegeben, weil sie sich an ihrem Vater wegen seiner Torheit, die er sich mir gegenüber erlaubte, so grausam gerächt haben und ihn hier bis zu seinem Tod gefangen gehalten haben; denn obwohl er sich sehr an mir vergangen hatte, war ich ihm dennoch von Herzen gut, so dass ich die Vergeltung, die meine Töchter meinetwegen an ihm übten, nicht wollte oder unbestraft lassen."

Als Geffroy diese Tafel gelesen hatte, konnte er sich über die befremdliche, abenteuerliche Geschichte nur wundern und verstand und wusste nun, dass diese Melusine seine richtige, natürliche, leibliche Mutter sein musste und der König Helnias sein Großvater und Presine seine Großmutter sein mussten; und doch zweifelte er noch etwas, ob es so wäre, und ob er tatsächlich aus diesem Geschlechte stamme; denn sein Herz und Verlangen drängten danach, den Riesen zu finden, dessentwegen er sich so umsichtig in die Finsternis des Felsens gewagt hatte. Geffroy suchte den Riesen Grymolt überall und schaute oben und unten, ob er ihn wohl fände und verließ die Kammer und kam an eine große Ebene und blickte über ein Feld hin, und erblickte einen großen, viereckigen Turm. Auf den ging er zu und trug seine Lanze über der Schulter und er trat in das zugehörige Schloss, das vollkommen offen stand. Am Eingang sah er ein Gefängnis unterhalb eines Gebäudes, worin viele Gefangene lagen, die sich über seinen Anblick sehr wunderten und einer der Gefangenen sagte: „Herr, Ihr solltet Euch schnell fortbegeben, dass Euch der Riese nicht sieht, oder versteckt Euch in einer Höhle, dass Euch der Riese nicht findet, denn wenn er Euch findet, so würde er Euch erschlagen." Geffroy lachte darüber nur und sprach: „Wo ist der Riese? Denn ich will gerne mit ihm kämpfen." Da sagte ein anderer Gefangener: „Gleich werdet Ihr ihn sehen und ich bin sicher, Ihr bezieht Schläge, denn wenn er Euch sieht, dann müsst Ihr sterben, weil er ungeheuer groß, lang und stark ist." Geffroy antwortete: „Ihr solltet nur für Euch selbst fürchten und Euch um mich keine Sorgen machen, denn es ist allein meine Sache und ich hoffe mit Gottes Hilfe, sie bald zu einem guten Ende zu bringen." Darüber kam der Riese und erkannte, dass Geffroy ihn suchte, da wäre er gerne geflohen, hätte er nur gewusst wohin; er floh in eine Kammer und schlug die Tür hinter sich fest und hart zu. Geffroy sprang schnell ihm nach und trat so heftig gegen die Tür, dass sie zersplitterte, wie sehr sie auch von innen verschlossen war. Der Riese hatte einen großen viereckigen Hammer, mit dem gab er Geffroy einen gewaltigen Schlag auf seinen Helm, dass, wenn der Helm nicht so stark und gut gefertigt gewesen wäre, so hätte er ihn mit diesem Schlag schon töten können. Geffroy, der fast betäubt war, sagte: „Du hast mich nicht verfehlt; dafür werde ich dir umgehend danken.“ Er zückte sein Schwert und führte einen so starken Stich gegen den Riesen, dass er ihm seinen Harnisch durch und durch stach und er nieder auf die Erde fiel.

Wie Geffroy den Riesen tötete und die Gefangenen aus dem Berge Avalon erlöste.

Und er stieß einen solch furchtbaren Schrei aus, dass der Turm davon erbebte und erschüttert wurde, und er war auch sofort tot. Da stieß Geffroy sein Schwert wieder in die Scheide und stieg hinab zu den Gefangenen und fragte sie besänftigend, ob sie aus dem Lande Northumberland wären. Sie antworteten: „Ja, lieber Herr.“ Also fragte er, warum sie hier gefangen wären. Einer antwortete und sagte: „Herr, für Lösegeld und wegen Tribut, den wir dem Riesen schuldeten.“ Geffroy sprach: „Dann lobt Gott, der Euch durch seine Barmherzigkeit zur Stunde erlöst hat durch mich, der das heidnische, ungläubige Ungeheuer gerade eben getötet und mit Gottes Hilfe erschlagen hat, damit Ihr aus seinem Schuldenverzeichnis getilgt und von ihm befreit seid.“ Die Gefangenen wurden über diese gute Nachricht sehr froh und lobten Gott aus vollem Herzen und baten ihn, da Gott ihm zu einem so herrlichen Sieg und ihnen zur Befreiung verholfen hatte, dass er ihnen nun aus dem Gefängnis heraushülfe. Geffroy sagte: „Das will ich gerne tun, wo finde ich aber die Schlüssel?“ Sie sagten: „Herr, das wissen wir nicht.“ Also suchte er in dem Schloss so lange, bis er sie fand. Und er öffnete die Gefängnisse und ließ die Gefangenen, etwa zweihundert, frei, die überaus froh waren und Gott mit Mund und Herzen dankten. Geffroy führte sie in die Kammer, wo der Riese tot lag; sie segneten sich alle und wunderten sich sehr über die tapfere Ritterlichkeit, die Geffroy bewiesen hatte an dem grauslichen Ungeheuer. Geffroy aber hub an und sagte: „Liebe Freunde, in diesem Schloss lagern große Schätze; lasst sie nicht zurück, ich überlass Euch das alles, ob Silber, Gold oder Edelsteine, denn ich will und begehre nichts von dem." Da dankten sie ihm sehr und baten ihn, ihnen zu sagen, wer er sei und von woher er käme und wie er in den Felsen gekommen sei. Da erzählte er ihnen, wie das alles zusammenhing und was seine Herkunft wäre; und die Gefangenen sagten: „Herr, seit König Helnias Tod ist noch niemals ein Mann aus dem Felsen herausgekommen, außer diesem Riesen, und seine Vorfahren, die auch Riesen waren und alle dieses Land verwüstet und verheert haben, wie Ihr selbst sehen könnt. Jetzt, da Ihr uns mit eigener Hand so ritterlich und mutig erlöst habt, wollen wir mit Euch hinaus, bis Ihr und wir Eure und unsere Begleiter und Angehörigen gefunden haben."

Wie Geffroy und die befreiten Gefangenen den Riesen auf einem Karren aus dem Berg führten.

Die Herren und die Gefangenen suchten sofort einen Karren und setzten den gewaltigen Teufel darauf und banden ihn aufrecht sitzend darauf fest, so als ob er lebte und führten ihn so durch das ganze Land. Das Volk staunte überall sehr über die ungeheure Größe des Riesen und sie alle lobten Gott und dankten ihm sehr für seine Gnade und die glückliche Ankunft Geffroys, des kühnen Ritters. Sie führten und begleiteten Geffroy, bis er wieder zu den Seinen kam, die ihn freudig empfingen. Er fand auch wieder alle Landesherren vor, von denen er sich kürzlich verabschiedet hatte; diese und die befreiten Gefangenen erwiesen ihm große Ehren, ebenso alles Volk des Landes und lobten Gott von Herzen und lauthals und empfingen ihn wie ihren Herren, da ihr König und Herr sie verlassen hatte ohne leibliche Erben, und sie boten ihm viel weltliches Gut, das er aber alles ganz und gar ablehnte. Daher blieb er nicht mehr lange und segnete sie alle und befahl den Landesherren das Land und ritt von dannen und ging zu Schiff und fuhr wieder heim gen seines Vaters Land, denn es verlangte ihn, seinen

Vater und Mutter zu sehen: Und so kam er wieder in das Land Guerande. Als sich die Kunde verbreitete, lief ihm das Volk entgegen an den Strand und begrüßte ihn feierlich und alle waren über seine glückliche Heimkehr froh, denn er hatte sie ja zuvor auch von dem Riesen Gedon befreit. Jetzt war auch Raymond, sein Vater, ihm in das Land Guerande entgegen geritten und hatte eine Zeitlang auf ihn gewartet, und er hatte großes Verlangen nach ihm, denn er hatte wohl vernommen, dass er in Northumberland aber eine große Tat vollbracht und auch dort den riesenhaften Teufel besiegt hatte, über die Ehrungen und das Glück freute er sich sehr, und dennoch konnte es ihm nur wenig von seinem Kummer wegen Melusine, seinem über alles geliebtem Gemahl, nehmen. Als Raymond also von Geffroys Ankunft hörte, freute er sich und ritt ihm an das Meeresufer entgegen und begrüßte ihn sehr herzlich, aber nicht besonders fröhlich. Er nahm Geffroy sofort zur Seite und führte ihn an eine einsame Stelle und berichtete ihm über seinen großen Kummer wegen des Verlustes von Melusine, seiner Gemahlin, Geffroys Mutter. Als Geffroy die ganze Geschichte gehört hatte, erschrak er furchtbar; denn er begriff, dass die Ursache für den Verlust letztlich allein seine Missetat war, die er an den Mönchen und dem Kloster von Maillieres begangen hatte. Ihm trat der Angstschweiß auf die Stirn, und er sprach: „Ich klage Gott mein großes Ungemach und Unglück.“ Doch er schwieg eine Weile und berichtete dann seinem Vater von der Tafel und der Inschrift, die er im Berge der Gespenster von Avalon gesehen hatte, und von dem Sarkophag und den Bildnissen. Raymond hörte dadurch erst, wer Melusine, Geffroys Mutter, und aus welchem Geschlecht und dass sie König Helnias Tochter gewesen war. Geffroy hatte aber erfahren, dass sein Vetter, der Graf vom Forst, seinen Vater dazu gebracht hatte, Melusine am Samstag zu belauschen und sie deswegen verloren hatte: Und er schwor einen Eid, hoch und heilig, dass der Graf vom Forst, sein Vetter, darum sterben müsste. Raymond ritt schnell von seinem Vater und nahm Raymond, seinen jungen Bruder mit sich und eilte in die Grafschaft von dem Forst ohne Rast Tag und Nacht, bis sie dort ankamen. Raymond ergriff großer Kummer, als er bedachte, dass Geffroy ein solch edler Ritter geworden war, wie es keinen zweiten gäbe, noch geben könnte, da fing er an, erst recht zu bereuen, dass er letztlich wegen Geffroys Missetat Melusine verloren hatte, und es bekümmerte ihn stark, dass Geffroy im Begriff stand, eine neue Untat an dem Grafen, Raymonds Bruder zu begehen.

Jetzt sage ich Euch aber weiter, wie Geffroy in dem Forst sich benahm. Geffroy kam also in die Grafschaft vom Forst und fand das Schloss, in dem sein Vetter lebte, das Schloss lag offen da, denn er glaubte sich von niemandem bedroht. Und Geffroy stieg vom Pferd und ging hinein in das Schloss, wo niemand ihn aufhielt und er kam zu dem Saal, wo der Graf sich mit den Seinen befand. Er stürmte hinein, zückte sein Schwert und schrie den Grafen an: „Du schändlicher Bösewicht, du musst jetzt hier dein Leben lassen; denn durch dich habe ich meine Mutter Melusine verloren!“ Dem Grafen vom Forst war sofort klar, was er getan hatte und er fürchtete, Geffroy würde ihn nicht mit dem Leben davonkommen lassen und flüchtete in höchster Eile in den Turm, der offen stand, und sprang die Stiegen hinauf.

Wie Geffroy seinen Vetter, den Grafen vom Forst, in den Tod trieb und sich an ihm rächte, weil er Geffroys Vater gegen Melusine aufgehetzt hatte.

Geffroy eilte ihm schnell nach und bedrohte die Diener alle, dass sich keiner traute, ihm zu folgen oder sich ihm zu widersetzen, denn er war sehr wütend und dazu sehr stark und fürchterlich wie ein Löwe. Geffroy hatte den Grafen beinahe eingeholt, da wollte der Graf zu einem Fenster hinaus auf ein Dach springen, er rutschte aber aus und fiel von da herab auf einen Felsen zu Tode. Geffroy ließ ihn in der Erde bestatten; die Seinen alle trauerten sehr um ihren Herren. Als er bestattet war, hieß Geffroy sie, seinem Bruder Raymond Treue zu schwören als ihrem neuen Herren und ihre Lehen von ihm zu empfangen. Dem stimmten sie zu ohne Schriftstücke, denn er war ja anwesend.

Inzwischen war Raymond von Guerande heim nach Lusignan gekommen und saß dort unglücklich und mit trauervollem Herzen, weil er gehört hatte, dass Geffroy ihm seinen Bruder getötet und eine neue große Missetat begangen hatte.

Geffroy kam nach Lusignan zu seinem Vater, der über sein Unglück und seinen Kummer sehr klagte und sich vornahm, ferner weder Land noch Leute zu regieren, sondern von hier zu scheiden und nach Rom zu pilgern und Buße für seine Sünden zu empfangen und dann sich in einer Klause von der Welt zurück zu ziehen und nie wieder in sein Land zu kommen, sondern in einem fremden Land unerkannt sein Leben zu beschließen. Über diese Klagen kam Geffroy angeritten und ging zu seinem Vater in das Schloss. Er fiel vor ihm auf ein Knie, als er ihn da fand, und bat um Gnade für alle seine Missetaten und bekannte, dass durch seine Schuld sein Vater Melusine, seine Gemahlin, sowie Froymond, seinen Sohn, und jetzt auch noch seinen Bruder, den Grafen vom Forst, verloren hätte. Weinend antwortete ihm Raymond: „Melusine, meine geliebte Frau, deine Mutter, habe ich verloren, die ich nie wieder zu sehen bekomme; und auch den anderen, die tot und verdorben sind, kann ich ihr Leben nicht zurückgeben. Du solltest daran denken, das Kloster wieder aufzubauen und andere Mönche darin anzusiedeln." Geffroy antwortete seinem Vater: „Lieber Herr und Vater, Euer Wille wird geschehen, und ich hoffe, dass ich binnen Kurzem das Kloster in solche Gestalt und Ansehen bringe, dass es schöner und wohlhabender ist, als es jemals war." Raymond sagte: „Nun wohl, man wird ja sehen, was du tust. Doch noch etwas, lieber Sohn: Ich werde und muss eine weite Reise zu den Heiligtümern machen, was ich schon lange zu tun gelobt habe. Und daher will ich dir mein Land anvertrauen zur Obhut, und ich bitte dich, dass du Dietrich, deinen Bruder, meinen jüngsten Sohn, in Frömmigkeit aufziehst und ihm später die Herrschaft über Partenois, Vavent, Chatelleron und Mervent übergibst. Das soll alles ihm untertan sein bis nach La Rochelle: So hat es auch deine Mutter angeordnet, als sie leider mich verlassen musste und mir Dietrich vor allen anderen meiner Kinder ans Herz legte und sagte, dass er ein gar ehrenwerter Ritter werde, weshalb ich ihn in den genannten Schlössern als rechtmäßigen Erben einsetzen sollte.“ Geffroy sagte darauf: „Lieber Herr und Vater, Euren Weggang sehe ich mit großem Kummer und Bedauern; was Ihr aber verlangt, will und werde ich genau ausführen.“

Wie Raymond Geffroy begnadigte und das Land verließ.

Als Raymond alles bereitet hatte, was er zu seiner Abreise benötigte, berief er alle seine Landesherren und erklärte ihnen sein Vorhaben und hieß sie Geffroy zu huldigen. Das taten sie, waren aber sehr betrübt wegen Raymonds Abreise. Und also schied er von den Seinen und segnete alle, weil er nicht im Sinn hatte, wieder herzukommen. Geffroy und Dietrich ritten beide mit ihm ziemlich weit. Da erst erzählte ihm Geffroy, wie es ihm mit den beiden Riesen ergangen war und alles, was er in dem Geisterberg zu Avalon gesehen hatte und von den drei Gaben oder Flüchen, die Presine ihren Töchtern Palantine, Melior und Melusine vermacht hatte, was er alles genau behalten hatte. Darüber war Raymond froh und sagte: „Jetzt habe ich endlich den Beweis und höre, dass deine Mutter von König Helnias abstammt und von hoher Geburt ist.“ Nachdem sie eine Tagesreise mit ihm geritten waren und in einer Herberge zusammen die Nacht verbracht hatten, nahmen sie am nächsten Morgen herzlichen Abschied von ihrem Vater mit Tränen alle, die bei ihnen waren. Raymond zog nach Rom, und Geffroy und sein Bruder zurück nach Lusignan.

Dietrich war inzwischen groß und stark geworden und so edel und aufrecht und dabei jedoch so bescheiden geblieben, dass alle Menschen und alles Volk ihn bewunderte und verehrte; kurz er war der schönste unter all seinen Brüdern. Der ritt jetzt gen Partenach und nahm davon Besitz, wie auch von den anderen Schlössern, wie oben genannt, als sein väterliches und mütterliches Erbe gleichermaßen, so als ob sein Vater gestorben wäre. Und er wurde der weiseste und erfolgreichste Ritter in Kriegen, den man in allen Ländern finden konnte, wodurch er überall bekannt wurde. Und er nahm eine Frau in dem Herzogtum Bretagne, die hochgeboren war und ihm viele Reichtümer einbrachte. Somit stammt von diesem Dietrich das Geschlecht derer von Partenach unzweifelhaft ab, und es wünscht der Dichter dieses Buches, dass Gott bewirke, dass dieses Geschlecht einen guten Beginn habe, für eine lange Dauer und Bestand, wie es auch Melusine bei ihrem Abschied vorhersagte: So ist es auch geschehen und bis auf den heutigen Tag bekannt; denn zu Partenach in Frankreich herrschen bis in diese Zeit mächtige Fürsten. Dietrich wurde dann auch ein berühmter und edler Ritter, wie seine Mutter vorhergesagt hatte.

Wie Geffroy das Kloster Maillieres wieder errichtete mit vielen Arbeitern, damit es schnell ginge.

Geffroy bedachte und bereute manches, was er begangen und verbrochen hatte, und was ihm sein Herr und Vater aufgetragen hatte; insbesondere, das Kloster und die Kirche von Maillieres wieder aufzubauen, so wie es vorher gewesen war, und er begann und verpflichtete Arbeiter von überall her, die er dazu brauchte und bezahlte auch Werkzeug und Material; und binnen Kurzem begann er mit dem Wiederaufbau und es wurde viel köstlicher und besser, als es vorher gewesen war. Und er hatte so viel Material und Arbeiter, dass in einem einzigen Sommer das Kloster in schönerem Glanz erstrahlte als vorher. Darüber erhob sich ein allgemeines Gerede im Land, und man fragte: „Wer ist dieser fromme Mann, der das Kloster so schnell gebaut hat?“ Und man sagte: „Es ist Geffroy, der ein Mönch werden will: Der Wolf ist zu einem Hirten geworden.“

Raymond war inzwischen in Rom angekommen und hatte dem Heiligen Vater, dem Papst, demütig seine Beichte abgelegt. Dieser Papst Leo erlegte ihm eine Buße auf, die er willig annahm.

Wie Raymond dem Papst Leo beichtete und die Buße für seine begangenen Missetaten empfing.

Da fragte ihn der Papst nach seinen weiteren Plänen und was er jetzt tun wolle. Raymond antwortete und sprach: „Ich bin willens, mich völlig von der Welt zurückzuziehen bis an mein Lebensende. Auf keinen Fall werde ich wieder in mein Land, das ich von Melusine habe, zurückkehren." Und da fragte ihn der genannte Papst, wo oder an welchem Ort er denn sein Leben beschließen wolle. Raymond antwortete und sagte: „Bei Unserer Lieben Frau von Montserrat in Aragonien; wo man Gott ehrlich dienen kann und es eine wohlgelegene Stadt ist, um Gott zu dienen." Raymond verabschiedete sich vom Papst und ritt gen Montserrat und er machte kaum Rast und gab keine Ruhe, bis er dort anlangte. Zuerst kam er aber nach Toulouse, wo er herzlich empfangen wurde; dort ließ er alle seine Begleiter zurück und zog auf den Berg Montserrat, und er behielt nur einen Scholar und einen Priester bei sich; die anderen schickte er nach Hause. So kam er also nach Montserrat, wo er für sich selbst und seinem Priester und Scholar Einsiedlerkleidung anfertigen ließ, und so gingen sie in eine Klause, wo Raymond sehr angemessen und fleißig lebte. Und als es mit ihm zu Ende ging und er sterben sollte, da erschien Melusine vor dem Schloss Lusignan drei Tage vorher, was von den frommen Leuten bemerkt wurde, wie es auch Melusine vorher geweissagt hatte. Und als diese Figur gesehen wurde, da sagten etliche: „Sicher könnt Ihr sein, dass wir jetzt einen neuen Herrn haben". Geffroy erfuhr die ganze Geschichte, insbesondere dass sein Vater in Rom gewesen war, gebeichtet und Buße auferlegt bekommen hatte und ein Klausner in Montserrat geworden war. Da rief er seinen Bruder Dietrich zu sich, befahl ihm das Land und reiste nach Rom,

Wie Geffroy auch demselben Papst beichtete, der ihm sagte, dass sein Vater bei Unserer Lieben Frau in Aragonien sein Leben beschließen wollte.

wo er seinen Vater suchen wollte oder jemanden nach ihm fragen könnte. Wie er also in Rom ankam und seine Sünden gebeichtet hatte, da sagte ihm der Heilige Vater, der Papst, dass sein Vater Raymond auch da gewesen sei und zu Montserrat ein frommer Klausner geworden sei. Der Papst auferlegte Geffroy eine große Buße, damit er daran denken sollte, das Kloster wieder aufzubauen mit einhundertundzwanzig Mönchen darin von ihm gestiftet. Geffroy sagte darauf: „Das will ich gerne tun und auch es mit Mönchen besetzen und die genannte Zahl der Mönche noch vermehren und dem Kloster Einnahmen und Auskommen verschaffen; denn ich bekenne, dass das Gotteshaus von mir und durch mich verbrannt und vernichtet wurde." Der Papst antwortete ihm: „Euer Vorhaben ist gut, und Ihr solltet dem auch nachkommen. Wenn Ihr aber wissen wollt, was mit Eurem Vater ist, den findet Ihr bei Unserer Lieben Frau in Montserrat in Aragonien, wo er sein Leben beschließen will." Und da weinte Geffroy über das, was ihm der Papst über seinen Vater gesagt hatte, und nahm Abschied von dem Papst und zog nach Aragonien zu „Unserer Lieben Frau von Montserrat", wo er seinen Vater Raymond fand. Der Vater Raymond freute sich sehr über die Ankunft seines Sohnes Geffroy und begrüßte ihn herzlich; dann aber meinte er, dass er ihn wieder verlassen sollte. Geffroy wollte aber nicht wieder fort und meinte, er wolle auch hierbleiben und sich ganz von der Welt zurückziehen; und so blieb er da vier oder fünf Tage, in denen er versuchte, seinen Vater zu bewegen, mit ihm zu kommen. Er musste aber einsehen, dass niemand ihn dazu bringen konnte, noch ihn überreden könnte; denn er war entschlossen zu bleiben und hier sein Leben zu beschließen, daher nahm Geffroy Abschied von seinem Vater und machte sich auf den Heimweg nach Lusignan, und er ließ dort alle seine Leute und die Landesherren zusammenrufen und ihm Gefolgschaft und Treue schwören, was sie auch taten.

Wie das Kloster neu gebaut wurde und Geffroy es prächtig ausstattete und sein Bruder Dietrich ihm beistand.

Geffroy hatte das Kloster zu Maillieres wieder neu gebaut, schöner und kostbarer, als es zuvor je gewesen war; und er stiftete einhundertundzwanzig Mönche darin und versah sie reichhaltig. Raymond, sein Vater, wurde sehr alt, ehe er starb, und als er gestorben war, da kam Geffroy und bestattete ihn sehr aufwändig und bedachte auch die Kirche, dass sich ihr Auskommen sehr verbesserte.

Dietrich, sein Bruder, war ein sehr tapferer Ritter geworden und allenthalben gut und weithin bekannt, und er hielt Hof zu Partenach und in der Mark. Uryan regierte kraftvoll in Zypern und fügte den Heiden großen Verdruss zu und half den Herren auf Rhodos getreulich in ihrer Bedrängnis. Gyot war König von Armenien, der sich gegen die Heiden tapfer behauptete, was auch alle seine Nachkommen bisher getan haben. Reinhart regierte erfolgreich in Böhmen und leistete den Türken und Slawen und allen Ungläubigen heftigen Widerstand. Anthoni hielt sich in fürstlichem Ansehen in Luxemburg. Der junge Raymond wurde Graf vom Forst und genoss dort hohes Ansehen. Froymond war im Kloster zu Maillieres umgekommen, und Horribel wurde erstickt, wie dies alles zuvor berichtet worden war. Uryan, der König von Zypern, war ja gebürtig in Lusignan und wenn das Volk von Zypern im Kampf oder im Stürmen sich anfeuern wollte, so war ihr Feldgeschrei, das alle schrien: „Lusignan, Lusignan“. Aus diesem Geschlecht stammen auch die Grafen von Pembroke, die in England wohnen, und zu Aragon ein Geschlecht, das die von Cabrerie heißt.

Jetzt wenden wir uns aber wieder dem König von Amenien zu, also dem Bruder Geffroys. Wie vorher erzählt wurde, gab es dort ein Schloss, das beschützt wurde durch einen Geist von Avalon mit der fremdartigen Geschichte mit dem Sperber, und dass, wer das Abenteuer bestehen wolle, drei Tage und Nächte den Sperber ohne Schlaf bewachen müsse und dazu müsse er von hoher Geburt sein, vorzugsweise des Stammes und Geschlechtes von Lusignan; und wer die Aufgabe erfülle, der könne verlangen, was ihm gefalle, außer der Jungfrau Melior, die den Sperber hütete, die dürfe er unter keinen Umständen fordern, aber alles, was er sonst fordere, das würde ihm gewährt werden.

Es gab da in Armenien einen König, der ein stolzer junger Herr und Ritter war. Der wollte da das Abenteuer angehen und den Sperber bewachen, denn er hatte von dem Abenteuer gehört und glaubte, das bestehen zu können und dann die Belohnung zu fordern. Da er aber die schöne Jungfrau gesehen hatte, so wollte er keine andere Belohnung. Er schied also von zu Hause und kam den Berg hinauf zu dem Schloss, das genannt wurde das Schloss mit dem Sperber. Und er ließ sein Gezelt, das er mit sich führte, unterhalb des Schlosses auf einer Wiese aufstellen. Er ging gewappnet vor das Tor und trug in der Hand ein wenig Speise, womit er den Sperber füttern wollte. Dort traf er einen alten Mann, der dünn, mager, sehr alt in schneeweißen Kleidern, der fragte ihn, was er da suche. Er antwortete ihm: „Ich suche aus Gewohnheit das Abenteuer in diesem Schloss.“ Der Alte sagte: „Dann kommt mit mir, ich führe Euch dahin, wo Ihr das Abenteuer finden werdet.“ Und also ging er voran, und sie kamen in einen prächtigen Saal oben im Schloss, der so herrlich und kostbar ausstaffiert war, dass sich der König sehr wunderte.

Wie Giss, der König von Armenien, den Sperber auf dem Sperberschloss bewachte.

Dort sah der König auch den Sperber auf einer Stange stehen, der sehr schön und groß war. Da sagte der alte Mann: „Jetzt seht Ihr hier diesen Sperber, den Ihr drei Tage und drei Nächte bewachen müsst, wenn Ihr das nicht schafft, dann werdet Ihr bis zum Jüngsten Tag hier bleiben müssen. Wenn es Euch aber gelingt, zu wachen, ohne jeden Schlaf, so könnt Ihr um eine Belohnung an beliebigem weltlichem Gut bitten, und das wird Euch ohne Zweifel gewährt werden; ausgenommen der Besitz der Jungfrau in diesem Schloss, die kann und wird niemals die Eure werden.“ Der König antwortete: „Ich hoffe, ich kann und werde genug wachen, um das Abenteuer zu bestehen.“ Aber in seinem Herzen dachte er, wenn er das Abenteuer bestehe, dann wollte er die schöne Jungfrau haben, und nichts anderes. Doch er sagte niemandem, woran er dachte und hätte er auf den alten Weisen gehört, wäre ihm das besser bekommen, als seine törichte Begierde und Vorhaben, wie man noch hören wird. Der König fing nun an, den Sperber Tag und Nacht zu bewachen, fröhlich und ohne Langeweile, und er fütterte den Sperber großzügig. Essen und Trinken gab es reichlich, davon nahm er, dessen er bedurfte. Am nächsten Tag und die Nacht fütterte und bewachte er den Sperber wie zuvor. Da erblickte er aber eine außerordentlich schöne Kammer, deren Tür offen stand. Er ging hinein und sah eine wunderbar bemalte und kostbare Kammer, und die Täfelung war aus feinem Golde; insbesondere waren darauf viele Vögel in herrlichen Farben und Formen gemalt. Auch gab es dort viele Ritterbilder, in Rüstung mit Helm und Schild, und bei jedem stand geschrieben: „Dies ist der Ritter“, dann folgte der Name, „der war in dem Jahr an jenem Tag hier“, dann folgte das genaue Datum mit Jahr, Tag und Stunde, „und hat versucht, den Sperber zu bewachen und das Abenteuer und das Schloss zu gewinnen. Aber er hat geschlafen und konnte nicht wachen, so dass er bis zum Jüngsten Tag hier bleiben muss und uns dienen und verehren, und er kann und wird uns nicht verlassen können.“ Er sah aber an drei Seiten je einen Ritter gemalt, und bei jedem Jahr und Tag und der Name, dass dieser Ritter hier gewesen, gewacht und die Belohnung redlich gewonnen und auch gefordert nach der vorgegebenen Ordnung des Schlosses und nach Recht und Sitte des Abenteuers und diese auch bekommen und mitgenommen habe. Die Kammer war gar herrlich bemalt, und auch bei den drei Rittern stand das Land oder Königreich, aus dem sie gekommen waren, und was ein jeder gefordert und mit hinweg geführt hatte. Da er jetzt dies eine Weile betrachtet hatte, dachte er, er könnte vielleicht schon zu lange hier verweilt haben und ging wieder zu dem Sperber, um ihn wie zuvor zu bewachen. Als jetzt der dritte Tag vergangen war, da kam die schöne Jungfrau in einem grünen Kleide und grüßte den König höflich und sagte: „Ihr habt Euer Unterfangen gut begonnen und erfolgreich beendet. Ihr könnt jetzt Eure Belohnung fordern und sie wird Euch zuteil werden.“ Der König dankte ihr sehr und benahm sich wie ein junger Mann, der an einer so schönen Jungfrau ein sehr großes Gefallen hatte, und sagte: „Ich begehre keine andere Belohnung, als Euren stolzen Leib.“ Die Jungfrau wurde darüber sehr zornig und sagte: „Ihr zügelloser Mann, Ihr müsst eine andere Belohnung fordern; denn mein Leib kann und wird Euch niemals gehören.“ Der König sprach zu ihr: „In der Tat, ich werde keine andere Belohnung jemals fordern, als Euren Leib, und wenn mir der nicht gewährt wird, dann werde ich auch nie und nimmer etwas anderes begehren noch annehmen.“ Die Jungfrau wurde sehr zornig und sprach: „Ihr müsst begreifen, dass mein Leib weder Euch, noch irgendeinem anderen Mann gehören kann, noch als Belohnung gegeben werden wird; darum schlagt Euch das aus dem Sinn, denn wenn Ihr nicht davon ablasst und mich weiter bedrängt, dann werden Euch gewaltiger Kummer und riesengroßes Unglück ereilen, da Euer Königreich, das Ihr jetzt regiert, zerstört werden wird und Euren und Eurer Erben Händen entrissen wird, so dass keiner Eurer Erben sich dessen jemals erfreuen kann. Und seid gewiss, dass Ihr dennoch mich nicht gewinnen könnt; außerdem verliert Ihr auch die Belohnung, wenn Ihr nicht Abstand nehmt davon, mich zu umwerben, aber Euch viel Unglück einhandelt.“ Der Tor aber sagte: „Egal, ob Dummheit oder Weisheit, niemals werde ich eine andere Belohnung fordern, als Euch und Euren Leib. Ich hoffe auch, da ich die Belohnung verdient habe, Euer Leib und Ihr wollt mir folgen als die Belohnung.“

Wie der törichte König der Jungfrau nachstellte, und sie mit Gewalt erobern wollte und dafür hart bestraft wurde.

Die Jungfrau antwortete darauf und sprach: „Du bist ebenso töricht und verblendet wie dein Großvater Raymond von Lusignan; der auch lieber seiner Torheit folgen wollte, als weisem Rat und den Gelübden, die er getan hatte, nicht Genüge tun wollte. Und deshalb bekommst du jetzt überhaupt keine Belohnung; denn du hast sie für immer verloren, und du bekommst stattdessen ferner nichts als

Kummer und Unglück. So erging es auch deinem vorgenannten Großvater, der seinem eigenen Willen folgte und dadurch seine geliebte Gemahlin Melusine verlor, die meine Schwester war. Und Gyot, der dein Vater war, ist der Sohn meiner Schwester gewesen; denn wir waren drei Schwestern, die für die Sünde, die wir an unserem Vater, dem König Helnias, begingen, indem wir ihn in dem Berg zu Avalon einschlossen, von unserer Mutter Presine, an der er wortbrüchig wurde, indem er sie im Wochenbett aufsuchte, mit einem Fluch belegt wurden, dass wir also von unserem Vater und unserer Mutter entrückt wurden und also zu Gespenstern geworden sind, und ich muss hier den Sperber hüten und kann von hier nicht fort, sondern muss hier ausharren." Und sie erzählte ihm dann, wie seine Großmutter, ihre Schwester Melusine, jeden Samstag zu einem halben Drachen wurde, und wie sein Großvater sie verlor und wie die älteste Schwester Plantine auf dem Berge in Aragon war und den Schatz ihres Vaters hütete. „Und du gehörst also und stammst aus diesem Geschlecht und solltest solche Forderungen nicht stellen, denn sie sind unmöglich. Außerdem würde dein Reich an ein anderes Geschlecht fallen und deinem Stamm ganz verloren gehen und in die Hand eines Königs kommen, der von einem Tier seinen Namen hat. Wenn du aber deiner großen Torheit abschwörst, so würden Seligkeit und Ehren jederzeit dich begleiten; andernfalls wirst du großes Leid und Unglück erleben und das würde schon sehr bald beginnen. Und wäre dir dieses Abenteuer zu Glück und Segen geraten, so wird dich jetzt ein großer Fluch verfolgen." Dieser Narr, der König von Armenien, der ließ sich blenden durch die Schönheit und die Begierde nach der Frau, so wie die zwei alten Richter von Susanna, wie uns Daniel berichtete. Deshalb ging der genannte König rasch auf die Jungfrau zu und hoffte, sie umarmen und erobern zu können und hatte alles das vergessen, was ihm der Alte und die Jungfrau als sicher vorhergesagt hatten. Da verschwand die Jungfrau sehr schnell vor seinen Augen; das hätte der Narr wohl vermuten können, da er wusste und eben von ihr gehört hatte, dass seine Großmutter Melusine und sie und ihre Schwestern Meerfeen und von dem Geist von Avalon stammten und mit Zauberkräften begabt waren, so dass ihm seine Unvernunft nichts Besseres bescheren würde, als dass sie ihm großen Schaden zufügen würde. Als jetzt der König seine große Torheit begriffen hatte, da kam ein Gespenst, das er nicht sehen konnte, und schlug ihn so heftig und rücksichtslos fest, dass er auf die Erde niederfiel und jämmerlich zu schreien anfing. Das Gespenst ließ aber nicht nach und schlug wieder und wieder auf ihn ein. Er schrie immer lauter und sagte: „Ach, ach, was tust du mir an? Wenn du nicht aufhörst zu schlagen, so muss ich hier wehrlos untergehen und mein junges Leben verlieren. Gnade, Gnade, erbarme dich doch, oder ich sterbe hier schändlich und wehrlos!“ Da stieß ihn das Gespenst schnell und unbarmherzig aus dem Schloss. Der König war von den Schlägen so geschwächt, dass er kaum von dannen kriechen konnte. Da er aber noch mehr Ungemach fürchtete, eilte er fluchend und so schnell er konnte wieder zu Tal auf die Wiese, wo die Seinen warteten, die ob seines Aussehens sehr erschrocken und betrübt waren. Also fragten sie ihn: „Herr, habt Ihr den Sperber bewacht und die Aufgabe nicht bestanden?“ Der König antwortete: „Ja, aber ich hatte eine böse Stunde erwischt. Jetzt nur schnell fort von hier!“ Sie legten rasch ihre Sättel auf und ritten dem Meeresstrand zu. Sie ritten Tag und Nacht, bis sie das Meer erreichten. Dort ging er an Bord, legte seine Rüstung ab und segelte wieder in Richtung Armenien; er fing an, über das Verhängnis nachzudenken, das seinem Königreich bevorstand und widerfahren sollte nach den Weissagungen, die ihm der Alte und auch die Jungfrau so eindringlich dargelegt hatten. Schließlich gelangte er mit den Seinen in den Hafen von Erus in Armenien nach großen Mühen, die sie auf dem Meer infolge Stürmen und Unwettern hatten. Also fing er jetzt wieder an zu regieren, aber er hatte kein Glück und begann, von Tag zu Tag abzunehmen und auch sein Land zerfiel mehr und mehr bis zu seinem Tod. Danach regierte ein anderer König, aber die Könige und das Reich verloren immer mehr an Ansehen und wurden mit Not und Mühsal beladen bis in die neunte Generation. Und der Verfasser dieser Geschichte in welscher Sprache, der hat einen König in Frankreich erlebt, der aus Armenien vertrieben war, dem gewährte der König von Frankreich lange Zeit Asyl, und der starb zu Paris und wurde feierlich bestattet in der Kirche der Celestiner; und alle seine Bediensteten waren in weiße Gewänder gekleidet, was doch ganz gegen die Landessitte des gesamten Königreiches war, worüber sich das Volk sehr wunderte und befremdet war; denn dergleichen, wie die Alten sagten, habe man vorher noch niemals gesehen oder gehört. Warum das aber geschah, weiß der Verfasser dieser Geschichte nicht. Jetzt werde ich aber über die Geschichte des Schlosses mit dem Sperber nicht weiter schreiben und es damit bewendet sein lassen, dafür aber weiter von Palestine, die auch die Tochter des genannten Königs Helnias und Melusines und Meliors Schwester war.

Wie Palestine, die Jungfrau, den Schatz ihres Vaters auf dem hohen Berg in Aragon hütete, wo es viele Schlangen und schreckliche Tiere gab.

Jetzt soll weiter von Palestine berichtet werden, die zu Canigou auf dem hohen Berg in Aragon eingeschlossen war, dieselbe Palestine, die, wie ihr von mir gehört habt, von ihrer Mutter Presine bestimmt und geschickt worden war, hier eingeschlossen zu werden und Hüterin des Schatzes ihres Vaters zu sein, den niemand heben oder erobern kann, außer einem, der aus dem Stamm von des König Helnias Geschlecht stammt, der dann alles, was dieses Abenteuer bietet, gewinnen und behalten kann, und sonst niemand anderer. Und an dem Berg gibt es so viele große Schlangen, fürchterliche wilde Tiere, dass man nicht hinauf zu den Abenteuern kommen kann, ohne sehr große Mühen und Gefahren. Und eine Menge tapferer Ritter sind gekommen, das Abenteuer zu wagen, die aber alle gescheitert sind und keiner von ihnen zurückgekommen ist; und dabei waren sie doch alle junge, starke und männlich tapfere Ritter, die es wagten; aber alle sind umgekommen, die ihr Leben an den großen Schatz gewagt hatten und nicht mehr wiedergekommen sind. Besonders ist hier ein Ritter aus England zu nennen, der überzeugt war, den Schatz und danach das Heilige und Gelobte Land erobern zu können. Der kam nach Aragon und fragte nach diesem Berg und dem genannten Abenteuer; das wurde ihm alles gezeigt. Dieser Ritter war ein sehr tapferer Ritter, der von Jugend an seine Ritterschaft oft bewiesen hatte und alles getan, was so ein edler Ritter tun soll; und er war einer von König Artus Hof, die man die Ritter der Tafelrunde nannte, er war Herrn Tristans blutsverwandter Freund und etwa dreißig Jahre alt. Dieser Ritter hatte von dem großen Schatz und dem Abenteuer gehört, und er kam zu dem Berg und traf dort auf ein ungeheuer großes Tier, das einen Bauch wie ein Fass hatte und dazu nur ein Auge und kein Nasloch; es hatte auch nur ein Ohr, und das einzige Auge saß mitten auf der Stirn, und es war so groß und hatte eine solche Rundung, dass es drei Fuß groß erschien, und sein Atem ging ihm durch das Ohr ein und aus. Dieses Tier schlief tief und lag ganz nahe der Höhle, darin Palestine ihres Vaters Schatz hütete; und vor dem Höhleneingang war eine starke, eiserne Tür, die von dem großen Tier bewacht wurde, dass niemand dort hineingelangen konnte, der nicht aus des König Helnias Geschlecht oder von Presine abstammte, wie das Presine, wie zuvor erklärt, angeordnet hatte. Dieser Höhleneingang war in der Mitte des Berges, an dem schon viele umgekommen waren, und oberhalb dieses Einganges gab es noch eine Menge anderer Höhleneingänge, die alle voll bösen Gewürmes und scheußlicher Tiere waren, an denen vorbei musste, wer wirklich sich dem Abenteuer unterziehen wollte. Auf den Berg hinauf führte ein sehr schmaler Pfad, der drei aragonische Meilen lang war, den musste man ohne Halt schnell hinauf reiten oder gehen, denn an keiner Stelle konnte man sich niederlassen, außer auf Schlangen oder Gewürm, deren so viele waren, dass man sich nur wundern konnte. Sonst war der Berg ganz unbewohnt mit Ausnahme des genannten grässlichen Tieres. Der erwähnte Ritter kam an einem Dienstag zu dem genannten Berg Canigou, und ein Mann begleitete ihn bis auf eine halbe Meile heran, und sonst war niemand bei ihm, bis auf einen Knappen, der dem Ritter den Weg wies; und so ritt der Ritter allein mit dem Knappen den Weg hinan. Und als der Ritter weit hinauf gekommen war, da ließ er den Knappen dort, stieg vom Pferd und sagte: „Jetzt bleib aufgesessen und halt auch mein Pferd und komm nicht weiter hinauf, bis ich wieder herkomme." Ach Gott, wie musste er lange auf seinen Herrn warten! Der Ritter ging den Weg hinauf und fand einen schmalen, bequemen Pfad, wie er ihn zuvor nicht gesehen hatte; er war gut bewaffnet und hatte sein Schwert in der Hand. Und da traf er auf einen großen Drachen, der mit offenem Maul auf ihn zuschoss. Dem schlug er mit dem Schwert den Kopf ab. Dieser Drache war wohl zwanzig Fuß lang. Dann ging er schnell weiter den Berg hinan, und da kam ein ungeheuer großer Bär, der griff ihn an und zerrte ihm seinen Schild vom Hals und fing an, seinen Harnisch zu zerreißen.

Wie der in England geborene Ritter diese Abenteuer überstand und mit dem Bären und viel großem Gewürm tapfer kämpfte und sehr viele tötete.

Der Ritter schlug dem Bären so auf das Maul, dass er ihm das ganz abschlug. Der Bär war zornig und schlug wütend gegen den Ritter. Der sprang zur Seite und schlug ihm mit seinem Schwert eine Tatze ab; der Bär stellte sich auf seine Hinterbeine und tat einen gewaltigen Hieb gegen den Ritter, dass er ihm seinen Harnisch stark beschädigte und sie beide niederfielen und den Berg hinunter kullerten. Der Ritter verlor dabei sein Schwert und griff zu seinem Dolch, der aus Stahl war und gut und damit stach er den Bären tot. Der Bär brüllte gar fürchterlich und fiel da tot darnieder. Der Ritter aus England suchte sein Schwert wieder und stieg den Berg wieder hinan, und dabei tötete er eine unzählige Menge von Gewürm und viele unglaubliche Tiere, die ihm große Mühe machten. Doch schließlich kam er zu der Höhle, in der das gräuliche Tier lag, das das eiserne Tor bewachte, hinter dem der große Schatz mit Gespenstern verborgen lag. Also ging der gute Ritter kampflustig in die Höhle und suchte das grauenhafte Tier, das er aber für ihn selbst zu früh fand. Als das Tier ihn sah, richtete es sich auf, ihn zu vernichten und griff ihn an. Der Ritter zog sein Schwert und schlug auf das Tier mit aller Kraft; aber es nützte alles nicht, denn das Tier war durch Zauberei so gefeit, dass es weder durch Stahl noch durch Eisen verwundet noch beschädigt werden konnte. Das Tier entriss ihm sein

Schwert mit seinen Zähnen und zerbrach und zerbiss es in zwei Stücke und riss seinen ungeheuren Rachen auf und verschluckte den Ritter auf einmal.

Wie der Ritter an das ungeheure, wilde Tier geriet und sich sehr tapfer schlug, es aber nicht besiegen konnte, da es ihn lebendig verschluckte, weil er nicht aus König Helnias Geschlecht stammte.

Und so starb der edle Ritter kläglich und elendiglich, da er von dem ungeheuren Tier so rasch verschluckt wurde, der doch so große und so viele ritterliche Taten mannhaft vollbracht hatte, dass er zu Recht beklagt wurde, zumal auch kein Ritter mehr so hoch den Berg hinaufgekommen war wie er. Der Knappe wartete auf seinen Herren zwei Tage und eine Nacht, dann ritt er wieder zurück gen England und berichtete da, wie er seinen Herrn verloren hatte. Insbesondere ritt der Knappe zu einem hochgelehrten Herrn, der Merlins Schüler gewesen war in Aragon und nahe bei dem genannten Berg gewohnt hatte und über große Wunder berichten konnte. Der sagte ihm durch seine Kunst und Zauberei, dass der Ritter aus England mit den Bestien und Schlangen gekämpft hätte und zum Schluss von dem großen gewaltigen Meeresungeheuer besiegt und verschluckt worden war, wie zuvor berichtet. Dieser gelehrte Herr war in Spanien geboren und auf der Schule in Toledo gewesen, wo man die schwarze Magie lehrte, und hat diese mehr als zwanzig Jahre studiert. Die Geschichte dieses Ritters verbreitete sich in England, und es wurde daraus auch ein Buch gemacht, das allein von diesem Abenteuer handelte. Dann gab es noch einen Ritter aus dem Königreich Ungarn, der sich auch aufmachte, dieses Abenteuer zu bestehen; es gelang ihm aber nicht, mehr als fünfzehn oder zwanzig Schritte den Berg hoch zu kommen, da wurde er bereits von dem Gewürm verschluckt. Sonst gab es noch einige, die den Schatz heben und das Abenteuer bestehen wollten und die alle dort umkamen; denn kein Mann, wie kühn er auch sei, kann den Schatz gewinnen, es sei denn, er sei aus des König Helnias Geschlecht geboren. Und es war sehr schade, dass der Ritter aus England nicht aus diesem Geschlecht stammte, denn er war ein ungewöhnlich kühner Ritter und aus Herrn Tristans Geschlecht, und er hätte sicher auch das Abenteuer bestanden, wäre er aus dem Geschlecht gekommen, wie das zuvor gesagt wurde, und es ist auch kein Ritter so hoch den Berg hinaufgekommen wie er.

Jetzt soll aber wieder von Geffroy berichtet werden, dem tapferen Ritter, der lebte derweil in Lusignan zufrieden und herrlich. Als er einmal in einem Park mit Frauen und Jungfrauen wandelte, da sah er einen Boten auf sich zukommen. Und da fragte ihn Geffroy, was es Neues gäbe. Da sprach der Bote: „Auf dem Berge Canigou in Aragon gibt es ein unglaublich großes Scheusal“, und erzählte ihm dann unter anderem von dem Ritter aus England und seinem Schicksal und wie der Ritter aus Ungarn dort ebenfalls umgekommen war, genauso wie viele andere Ritter, und dass die Tochter Palestine dort den Schatz ihres Vaters, König Helnias von Schottland, hüte und bewache. Als Geffroy diese Geschichte vernommen hatte, wunderte er sich sehr über die gewaltigen Ungeheuer und Tiere, und sagte: „Jetzt dahin, ich werde auch versuchen, das Ungeheuer zu besiegen, wenn Gott es mir vergönnt.“ Geffroy befahl seinem Volk, sich bereit zu machen und schrieb an seinen Bruder Dietrich, er solle zu ihm kommen und sich des Landes und all der Seinen anzunehmen, bis er wiederkomme; und er war ohne Ehefrau geblieben, bis in sein Alter. Als er aber sogleich aufbrechen wollte, warf ihn eine Krankheit aufs Krankenlager; denn er war schon sehr betagt. Die Krankheit setzte ihm so zu, dass keine Arznei anschlagen und helfen konnte, und es nahte die Stunde seines Todes, der er nach dem Lauf der Natur und Gottes Willen und Gesetz gehorsam sein und geduldig folgen musste. Es erhob sich großes Klagen wegen seiner Krankheit; denn er hatte seit Kurzem angefangen, in der Grafschaft Poitou viele schöne Kirchen und Kapellen zu stiften und sich vorgenommen, viele gute Werke zu tun, und das blieb jetzt zum großen Teil unfertig liegen. Da Geffroy jetzt erkannte, dass der Tod, dem niemand entgehen kann, sich ihm zu nähern begann, schickte er nach dem Priester und legte andächtig seine Beichte ab und machte sein Testament und Anordnungen nach seinen Vorstellungen und Absichten; insbesondere war es sein fester Wille, dass man ihn in dem Kloster zu Maillieres, das er einmal mit den Mönchen verbrannt und dann wieder aufgebaut hatte, bestatten sollte. Allda liegt der edle und starke Ritter Geffroy begraben, und der Verfasser dieses Buches hat dort sein Hochgrab selbst gesehen. Und Geffroy ordnete an, dass sofort alle Schulden mit barem Geld bezahlt wurden und Dietrich sein Erbe sein sollte. Dann empfing er seine Sakramente und schied in gutem Gewissen aus dieser Zeit.

Wie Geffroy auf dem Totenbette beichtete und sein Testament machte und die christlichen Tröstungen empfing und starb.

Dietrich regierte in allen Schlössern, die ihm als Erbe zugefallen waren. Doch dann wurde sein Land in vier Teile geteilt, die den Kindern als Aussteuer gegeben wurden. Es entwickelten sich aber alle Männer, die von ihm abstammten oder seinem Geschlecht, zu kühnen und berühmten Rittern. Insbesondere hat der Dichter dieses Buches, als es in welscher Sprache verfasst wurde, einen davon gekannt und ihm gedient, der aus vorgenanntem Dietrichs Geschlecht stammte. Derselbe starb, als dies Buch noch nicht vollendet war, denn wie jedermann weiß, kann niemand auch nur einen Augenblick vor dem Tode sicher sein, der uns ständig verfolgt und als unser Ziel gesetzt ist, wie Hiob sagt, dass wir dem Tod nicht entgehen können. Und wenn wir dessen stets gedenken und uns desto besser vor Sünden hüten, so handeln wir recht und weise.

Dieser Herr von Partenach, der diese Geschichte in welscher Sprache verfassen ließ, war Herr Wilhelm von Partenach; der verstarb am Dienstag nach Pfingsten im Jahre eintausendundvierhundert nach Christi Geburt am 18. Mai, und er wurde zu Partenach feierlich bestattet in Anwesenheit vieler großer geistlicher und weltlicher Herren. Nach ihm wurde sein Sohn Hans der Herr von Partenach, der um seinen Vater sehr trauerte und ihn beklagte. Doch er befolgte den Rat der

Weisen: Was niemand wiederbringen kann, das soll und muss man Gott befehlen; nachdem er jetzt das Begräbnis seines Herrn und Vaters angemessen begangen hatte, wurde er auch Herr von Mathefelon, und er war ein sehr frommer und freigiebiger Herr und vollbrachte viel Gutes. Er war auch der Vetter des Königs von Frankreich und Freund derer, die auch Freunde seiner Mutter gewesen waren; so war er auch ein naher Freund des Königs von Norwegen, der auch von Melusine abstammte, ebenso der Könige von Zypern, von Armenien, von Böhmen, die, wie schon berichtet wurde, zu ihrer Nachkommenschaft gehörten, ebenso die Herzöge von Luxemburg, die Grafen vom Forst und Poitiers und Pembroke in England, die von Cabrerie in Aragon; und noch bis in die heutige Zeit, in der dieses Buch verfasst wurde, ist dieser Stamm sehr weit verbreitet in welschen und deutschen Landen, in Frankreich, in Holland, in Norwegen, in Böhmen, Luxemburg und Elsass. Und als dies alles Herr Johans von Partenach gehört hatte, dass dieses Buch von seinen Vorfahren begonnen, aber nicht vollendet worden war, da beauftragte er den Verfasser dieses Buches mit großem Ernst und Eifer, alles daran zu setzen, diese Geschichte zu vollenden, und blieb ihm dafür in Freundschaft verbunden. So sind also die von Lusignan und Partenach von Königen und Königinnen, Fürsten und Fürstinnen, Grafen und Markgrafen hochgeborene und abstammend; und des letzten Herrn Hans von Partenach Ehefrau war eine geborene Gräfin von Périgord, das liegt in dem Herzogtum Guyenne; diese Grafschaft gab Karl der Große seinem Freund und Vetter, als er das Herzogtum Guyenne unterwarf. Und so bestand die Grafschaft in ihren männlichen Herrschern fort bis zu der Zeit, als dieses Buch in welscher Sprache verfasst wurde. Und weil nun diese Dichtung bis heute, wie ich genau weiß, noch nie in deutscher Sprache gefunden wurde, so habe ich dieses Buch auf Deutsch verfasst zu Ehren dessen, wie eingangs beschrieben und mit Gottes Hilfe vollendet am Donnerstag nach dem Fest des heiligen Märtyrers St. Vinzenz im Jahre 1456 nach Christi Geburt. Und ich habe dieses Buch schlicht und ohne Reime nur dem Inhalte nach, so gut ich konnte, gesetzt; da ich aber für die Übertragung eines solchen Gedichtes von einer Sprache in eine andere kein

Meister bin und das zuvor noch nie getan habe, so bitte ich meinen genannten Herrn Markgrafen demütig, wenn er die Sprache besser kann als ich, und bitte auch Jedermann, der sich in der Sprache besser auskennt als ich, dass er es verbessern, in die ursprüngliche Form bringen und korrigieren möge, wo es erforderlich scheint.

Jetzt habe ich seitdem und vor allem von dem Geschlechte derer von Erlach viel gesehen und gehört, die in vielen Schlössern, die Melusine gebaut hat, wie dieses Buch berichtet, gewesen sind oder die Schlösser gesehen haben: nämlich Lusignan, Vavent, Mervent und den Turm von St. Maxent, und auch La Rochelle, desgleichen auch das Haus und Schloss, in dem der Graf vom Forst wohnte, den Geffroy in den Tod zu springen trieb; ferner haben sie die Kirchen gesehen, die Melusine zu Lusignan erbaute. Und ich habe viele schöne Geschichten gehört und Bücher gelesen von König Artus und von den Rittern seiner Tafelrunde, von Herrn Iwein, Herrn Gawan, Herrn Lancelot, Herrn Tristan, Herrn Parzival, die alle ihre besondere Geschichte und Erzählungen haben, außerdem noch Willehalm, Pontus et Sydonie, Herzog Wilhelm von Orleans und Merlin. Aber alle diese Geschichten erscheinen mir nicht so befremdlich und abenteuerlich wie diese. Deswegen schätze ich diese mehr als die anderen wegen der Tatsache, dass die genannten Geschlechter alle von da herkommen, weshalb dieses Buch für die Wahrheit gelten kann. Ich habe auch von dem genannten Erlach gehört, dass die Grafen von St. Pol in Frankreich auch aus dem gleichen Geschlecht stammten und dass sie Melusine in ihrem Wappen führten, die Meerfee, in der Gestalt, in der sie samstags war: nämlich vom Nabel aufwärts ein menschliches, weibliches Wesen und vom Nabel abwärts ein großer, langer Lindwurm.

Anmerkungen und Erläuterungen

Begriffe und Passagen im frühneuhochdeutschen Text des Thüring von Ringoltingen, die auch bei sinnvoller oder genauer Übertragung in heutiges Hochdeutsch noch erklärungsbedürftig scheinen, sind nachfolgend als Fußnoten aufgelistet, zum Teil zitiert aus den unten genannten Romanen des 15. und 16. Jahrhunderts.

Ausführlichere Erläuterungen mit Quellenangaben findet man in folgendem Werk:
Romane des 15. und 16. Jahrhunderts. Nach den Erstdrucken mit sämtlichen Holzschnitten. Herausgegeben von Jan-Dirk Müller. Frankfurt am Main 1990, S. 1041-1087.

1. Der Name Melusine leitet sich nach einer alten Deutung von mère Lusignan (Mutter Ahnfrau von Lusignan) her.
2. Thüring lokalisiert diesen aus der Artussage bekannten Berg irrtümlich in Frankreich (möglicherweise Verwechslung mit gleichlautender Grafschaft in Burgund).
3. Melusine muss, wenn sie unerlöst bleibt, bis zum Jüngsten Tag fortexistieren.
4. Forst von Colombieres, zwischen Poitieres und Lusignan gelegen (von Thüring irrtümlich als „kürpßforst" gelesen).
5. Turstbrunnen: Übersetzungsfehler Thürings. Couldrette und J. d'Arras bezeichnen die Quelle als *Feenland.*
6. Lehen einfordern und empfangen: Nach dem Tode des Lehnsherren müssen die Vasallen seinem Nachfolger Treue schwören und sich ihr Lehen von ihm erneuern lassen.
7. Übliches Tischzeremoniell im Mittelalter, da Essbestecke noch unbekannt waren. Da die meisten Speisen mit den Händen aus einer gemeinsamen Schüssel genommen wurden, musste man sich bei Tisch die Hände waschen.
8. Bei Tisch aufzuwarten, gehörte zu den Pflichten des Jungvermählten.
9. Ein Turnier bestand üblicherweise aus dem Lanzenstechen. Das war ein ritterlicher Zweikampf, bei dem es darum ging, den Gegner mit einer stumpfen Lanze aus dem Sattel zu werfen.
10. Das Brautbett durch einen hohen Geistlichen zu segnen, war mittelalterlicher Brauch.
11. Gänge: überdachte Wehrgänge, wie man sie auf alten Burgen noch sehen kann.
12. Vouvent und Marvent: westlich von Poitiers gelegene Orte mit noch erhaltenen Befestigungsanlagen, die angeblich auf Melusine zurückgehen.
13. Bretagne: Thüring verwechselt das wohl mit Behaigne = Böhmen. Auf dem Weg von Lusignan nach Böhmen liegt Luxemburg; die Bretagne wäre ein riesiger Umweg.
14. Nicht nur Rache für den Tod des Bruders. Verbrennen auf dem Scheiterhaufen ist auch Strafe für Ketzer und Ungläubige.
15. Anstelle von stählernen Stangen ergeben Sense, Dreschflegel mehr Sinn, um die Beine des Pferdes zu verletzen.

Zeitfracht Medien GmbH
Ferdinand-Jühlke-Straße 7
99095 Erfurt, Deutschland
produktsicherheit@kolibri360.de